gardez !
verlag

Carl D. Goerdeler

Die Luftschlösser von Rio

Geschichten aus Brasilien

Gardez! Verlag
St. Augustin

Die Deutsche Bibliothek - CIP-Einheitsaufnahme

Goerdeler, Carl D.:
Die Luftschlösser von Rio : Geschichten aus Brasilien / Carl D. Goerdeler. -
St. Augustin : Gardez!-Verl., 2000
ISBN 3-89796-029-X

© 2000 Michael Itschert, Gardez! Verlag
Meisenweg 2, D-53757 St. Augustin
Tel.: 0 22 41/34 37 10, Fax: 0 22 41/34 37 11
E-Mail: gardez@pobox.com
Internet: http://pobox.com/~gardez
Alle Rechte vorbehalten.

Printed in Germany.
ISBN 3-89796-029-X

Inhalt

Brasilien neu zu entdecken

Kein Fußballclub trägt seinen Namen, nicht mal ein Denkmal haben sie ihm errichtet, dem Pedro Álvares Cabral, dem Entdecker Brasiliens. Der hatte vor 500 Jahren, am 23. April 1500, mit einer Flotte von 12 Karavellen an einem fremden Gestade weit westlich der Kanarischen Inseln und südlich des Äquators geankert, hatte seine Boote mit Frischwasser und Wildfleisch beladen und war nach elf Tagen weitergesegelt. Nach Indien. Das gerade erst entdeckte Land, voller Papageien und nackter Wilder, schien nicht der Rede wert zu sein.

Warum sollen die Brasilianer den Portugiesen Pedro Cabral schon groß ehren? Hat es sie nicht „schon immer" gegeben? Von Oiapoque bis Chui: alles Brasilianer, 165 Millionen. Mögen sie Fernando Henrique Cardoso, Tizuka Yamasaki, Ronaldo, Hitler, Mussolini, da Silva oder Dietmar Starke heißen, sich als Yanomami oder Yuppie geben, mit dem Einbaum oder dem Auto zur Arbeit fahren, braune, gelbe, schwarze oder weiße Haut tragen: Brasilianer. Allesamt vierfache Fußballweltmeister. Das verbindet und zählt.

Abgesehen davon, dass vermutlich die Spanier Vincente Yañez Pinzon und Diego de Lepe noch vor Cabral die südamerikanische Küste gesichtet haben: Was hatten schon die Pataxó, die Tupi und die Botokuden über diese stinkenden, bärtigen Eindringlinge zu lachen?

„Porto Seguro" nennen die Portugiesen die ruhige Bucht an der Mündung eines kleinen Flusses. Man liest eine Messe, errichtet ein Holzkreuz und lässt zwei Schwerverbrecher zurück. Eine mannshohe Marmorstele, die auf der einen Seite die portugiesische Krone und auf der anderen das Malteserkreuz trägt, erinnert in Porto Seguro an die Entdeckung Brasiliens. Ein gewisser Duarte Coelho hatte den Stein wohl 1504 errichtet, aber erst 1980 fand man ihn – bei einem Metzger, dem er als Hackblock gedient hatte.

Und heute: Keiner kommt nach Porto Seguro wegen Pedro Álvares Cabral. Und der wäre vermutlich wie sein Zeitgenosse Padre Anchieta (1534-1597) so entsetzt darüber, dass die Menschen aller Hautfarben völlig schamlos und fast nackt gerade dort Spaß daran haben, ihre Körper der prallen Sonne und dem Wasser auszusetzen. Durch die Jahrhunderte hinweg hatte sich offenbar „die abscheuliche Sitte der Wilden, täglich zu baden" auch bei den Christen durchgesetzt.

„Brasil tem memória de galinha", spotten die Brasilianer über ihre „Vergesslichkeit einer Henne". Sie macht nicht einmal vor Baudenkmälern aus der Barockzeit halt, die in Europa bis zum letzten Nagel geschützt werden, hier aber nicht selten ohne viel Federlesen einer frisch betonierten Tiefgarage oder Sparkasse weichen müssen.

Geschichtslosigkeit gleich Barbarei? Dem preußischen Naturforscher Alexander von Humboldt schien es so – jedenfalls beobachtet er auf seiner „Reise in die Äquinoctial-Gegenden des neuen Kontinents" (1799-1804), wie Archive und Bibliotheken in tropischer Schwüle den Termiten und Ameisen so leicht zum Opfer fallen und nur mit übermenschlicher Anstrengung vor dem Verfall gerettet werden können: kein günstiges Klima für die Blüte einer Hochkultur? Hitlers Rassenwahn spülte neue Einwanderer an die Copacabana. Und in Rio de Janeiro entdeckte man den Charme der „Rassendemokratie", einen Schmelztiegel der Rassen und Kulturen, „ein drittes Rom" sogar, wie der Anthropologe Darcy Ribeiro sein Vaterland rühmte.

Ganz gleich, welches Pigment und welche Abstammung – selbst der „primitivste" Urwaldindianer und der semmelblonde Teutone aus Blumenau fühlen sich in erster Linie als „Brasilianer". Dass dieses tropische Riesenreich, in dem Deutschland rund 25 mal Platz hätte, nicht wie der Rest von Lateinamerika in unzählige („Bananen"-) Republiken auseinanderfiel, ist erstaunlich genug. Man kann es mit den Händen greifen: das „Wir-Gefühl" der Brasilianer, das in dem Bekenntnis gipfelt „Gott ist Brasilianer" (Der Papst hat es nicht abgestritten). Bloß: Wie wird man Brasilianer – oder was macht Brasilien aus?

Weder Gottkaisertum noch eine Queen, weder „Manifest Destiny", „Auserwähltes Volk", „Christliches Abendland" oder „Grande Nation" eint die Brasilianer. Die Nationalgeschichte ist kurz (Brasilien wurde 1822 unabhängig von Portugal), Kriege hat man so gut wie nicht geführt, und wenn es so etwas wie ein gemeinsames Gefühl für kollektives Schicksal gibt, dann mag es das sein, in einem großen, weiten Land zu leben, in dem für jeden Platz ist; soviel Platz, dass man sich darin verloren vorkommt und die Nähe sucht. Kein Brasilianer träumt wie ein Nordeuropäer von „menschenleeren, paradiesischen Stränden" (von denen es auf 7.000 Kilometern Atlantikküste genügend gibt). Ganz im Gegenteil: man zieht dorthin, wo schon andere hocken, um gemeinsam zu feiern. Brasilianer sind süchtig nach Hautkontakt.

Ihr Verhältnis zur Natur mögen umweltbewusste Öko-Europäer als „gestört" bezeichnen und dabei vergessen, dass Grimms Märchen vor Wölfen, Waldgeistern und Hexen nur so wimmeln. Die Natur galt bis zur Spätromantik auch in Europa als ungastlich und bedrohlich, es hieß, sie zu zähmen. „Der Brasilianer ist mit der Natur nicht verbunden. Entweder lebt er mitten in ihr und ist schwer von ihr zu unterscheiden. Oder aber er geht gegen sie vor mit Feuer und Eisen", notiert Vilem Flusser, der tschechische Emigrant und später hochgeehrte Emeritus über seine Zwangsheimat Brasilien, in die er 1940 mit dem letzten Dampfer vor den Nazis geflohen war.

Die feindliche Natur kleinzukriegen, hatte sich bereits der „Befreier Amerikas", Simon Bolivar, vorgenommen. Angesichts des Erdbebens, das 1812 seine Heimatstadt Caracas in Schutt und Asche legt und die Hälfte ihrer 50.000 Bewohner hinrafft, droht er dem Himmel: „Wenn die Natur gegen uns ist, so werden wir sie besiegen!". Der anti-ökologische Schwur ist in goldenen Lettern an der Mauer des Justizpalastes von Caracas eingelassen.

Solche radikalen Sprüche sind nicht Sache der Brasilianer. Und in ihrer Nationalhymne heißt es sogar: „Gigant durch die Gnade der Natur, prächtig, kräftig, unbesiegbar, die Zukunft gehört Dir, wunderbare Erde, Brasilien, geliebtes Vaterland, sanfte Erdenmutter starker Söhne, Brasil!"

Es ist eben alles größer in Brasilien - und das wird seinen Bewohnern so recht erst klar, wenn sie als Touristen an den Ufern des Rheins stehen und sich regelrecht betrogen vorkommen: Dieses Rinnsal ist der vielbesungene Schicksalsstrom?

Und weil alles in Hülle und Fülle vorhanden ist, kann es auch abgebrannt werden. Zu einer „Kulturlandschaft" im europäischen Sinne haben es die Brasilianer nicht gebracht. Das gleiche gelte für die Städte in Brasilien, beobachtet 1934 der französische Ethnologe Claude Lévi-Strauss („Traurige Tropen"): „Ihre Jugend verblüht, ohne dass sie gealtert sind".

Natur und Kultur, Materie und Geist, das seien in Brasilien gegensätzliche Pole, in denen der Kulturmensch natürlich seine Wahl getroffen hat. „Der Brasilianer lebt in einem Land, das von ihm als Landschaft überhaupt nicht erlebt wird. Darum kennt er, selbst wenn er kultiviert ist, nur ungenau die Namen der Pflanzen und Tiere, hat an ihrem biologischen Rhythmus so gut wie kein Interesse, sammelt weder Pflanzen noch Schmetterlinge, noch Pilze", jammert der Alteuropäer Vilem Flusser.

Jetzt wissen wir also, was der Brasilianer nicht ist: Weder Archivar und Museumsgänger, noch Wandergeselle und Pilzesucher. Pfennigfuchser und Häuslebauer, „die nicht nach den Mädle schaue", ist er auch nicht.

Europäische Gelehrte hätten oft genug nachgewiesen, so beklagt sich Darcy Ribeiro, „dass die Rassenmischung, das Mestizentum, zu einem minderwertigen hybriden Resultat führt, in dem sie eine Art Maulesel-Volk hervorbringt, das rückständig und zu keinem Fortschritt fähig ist". Doch Stefan Zweig, der europamüde wie -süchtige Erfolgsschriftsteller, der seine letzten Jahre im brasilianischen Exil verbrachte, rühmt in blinder Liebe Brasilien als „ein Land der Zukunft".

Brasilien als künftige Großmacht? Davon träumen seine Militärs und Politiker. Die Zukunft des Landes liegt doch wohl eher in seiner Gegenwart. Natürlich nicht in seiner skandalösen sozialen Apartheit – aber in seiner Vitalität und in seinem Talent, sich über die banale Wirklichkeit hinwegzusetzen. Wem das zu hoch gegriffen scheint, der möge sich an die Fußballbegeisterung der Brasilianer erinnern, an ihrem nie zu bremsenden Enthusiasmus, ihre Gier auf Neues und ihre Weigerung, an einer abgestandenen Sache (wie etwa an Kreditverträgen) festzuhalten. Kadavergehorsam, kalvinistische Knickerei und protestantische Buchhalterethik: Fehlanzeige. Kriege wie in Kosovo: unvorstellbar. Aber das „Glück der Tiere", die Spielleidenschaft, der Karneval und die afrikanische Kultur des Rhythmus: „die rituell graziöse Art, mit welcher selbst Messerstechereien in Vorstadtlokalen ausgeführt werden" (Flusser): das ist Brasilien.

Der Volksheld Brasiliens ist der „Malandro", der charmante, spitzbübische Tunichtgut und Überlebenskünstler; eine Figur, die Don Juan, Don Quixote oder besser noch einem gewissen Schwejk das Wasser reichen könnte. Das Durchmogeln, das schwejksche Spiel mit der stumpfsinnigen Ratio, ist in Brasilien zur hohen Kunst entwickelt worden.

So kommen wir endlich zum kulturpsychologischen Kern Brasiliens, den der von sich höchst eingenommene Charles De Gaulle als faul identifiziert hat: „Ce pays n`est pas sérieux" soll er sich über die Unpässlichkeiten beim Staatsbesuch in Brasilien beklagt haben.

Nein, zum Glück ist Brasilien nicht ernsthaft, streng, entschieden, gemessen, trocken, nüchtern, steif. Vilem Flusser sieht in Brasilien so etwas wie die Genese einer „neuen Art Mensch, eines ‚homo ludens'". Der aber sei dem Druck der importierten Ernsthaftigkeit ausgesetzt: „Die Angst und Sorge ... der Brasilianer ... ist im Grunde: wir sind elend und werden immer elender, weil wir uns und die Welt um uns herum zu ernst nehmen."

Pedro Álvares Cabral hat seine Chance vor 500 Jahren verpasst. Hätte er Brasilien wirklich entdeckt, wäre er länger als bloß elf Tage geblieben.

Der Seelenverkäufer von São Paulo

Wenige Schritte von der Metrostation Carandiru an der Avenida Cruzeiro do Sul von São Paulo liegt der Eingang zur Hölle. Über ihrem Portal steht geschrieben: „Casa de Detenção" – Haftanstalt. Siebentausendzweihundert Mörder, Einbrecher, Diebe hausen da. Carandiru ist das größte Gefängnis der Welt. Wie viele Männer sind wohl durch die stählerne Pforte gegangen und nie mehr zurückgekehrt?

An den Wochenenden stehen sie Schlange, die Mütter, Schwestern und Bräute. Manche schon seit Stunden; nur um Sekunden zu gewinnen und als Erste hineinzukommen. Alle haben sie Plastiktüten mitgebracht, vollgestopft mit Zigaretten, Keksen, Würsten und Wäsche, dem ganzen Kram von zuhause und den Billigangeboten aus dem Supermarkt, dem Letzten, was sie sich vom Munde sparen konnten. Und die jungen Frauen haben die Lippen geschminkt.

Die Strafanstalt Carandiru ist für 2.000 Insassen ausgelegt – nicht für siebentausend. Man hatte den düsteren Bau 1920 weit draußen vor der Stadt errichtet. Die Megapolis São Paulo ist aber wie eine Hefeteig aufgegangen, und in diesem Teig aus Zement und Ziegeln liegt nun diese vergitterte Trutzburg, die das Böse bannen soll, damit die Bürger ruhig schlafen können.

Man benötigt zu Fuß eine halbe Stunde, das haushoch ummauerte Areal zu umrunden. Nur aus dem Hubschrauber lässt sich die Strafanstalt Carandiru ganz überblicken. Sechs quadratische Blöcke, die Betonwände zu den kahlen Innenhöfen und nach außen von Schießscharten durchlöchert, in denen Wäsche flattert; sie sind, von einander abgeschottet, um einen begrünten Vorhof gruppiert. Das sieht aus der Höhe so aus, als habe die Stadtverwaltung Bänke um ein Blumenbeet gepflanzt. Niemals wird einer der armen Teufel dort unten diesen Blick erhaschen können.

Das eiserne Tor öffnet sich nur einmal, und wer unwahrscheinliches Glück hat, für den öffnet es sich ein weiteres Mal nach Jahren, Jahrzehnten. Den Vorhof zur Hölle nennen sie „die Göttliche". Das ist der Platz mit den rachitischen Bäumen vor der Gefängnisverwaltung und der Schleuse mit den mehrfach genieteten Panzertüren, die zur Aufnahme führen. „Aufnahme" – als wenn es sich darum handelte, in ein Hotel einzuchecken! Statt Kofferträger und Pagen Wärter und Schäferhunde und gebellte Kommandos. Alles runter! Leibeskontrolle!

Mit den Habseligkeiten schwindet die Hoffnung. Jetzt gibt es kein Zurück mehr. Dem Häftling werden die Kaki-Hosen übergezogen und die Haare geschoren. Und dann wird aus seinem Namen eine Nummer. Oft für immer.

Wie sieht es in der Hölle aus? „Man braucht mehrere Leben, um Carandiru zu begreifen", schreibt Drauzio Varella, der Krebsspezialist. Er hat von 1989 bis 1992 als Arzt in Carandiru praktiziert und Tagebuch geführt. Seine Aufzeichnungen hat er zu einem Buch verarbeitet („Estação Carandiru"); es ist ein bewegendes Stück dokumentarischer Literatur dabei herausgekommen, das es verdient hätte, übersetzt zu werden.

Carandiru ist ein Kosmos im Kleinen. Hinter den Mauern der Strafanstalt geht es nicht ganz anders zu als in den Favelas, aus denen die weitaus meisten Männer kommen. Die Strafgefangenen – und die Wärter – sind keine Ungeheuer, sondern Leute wie du und ich. Um die beste Schlafstelle wird gefeilscht wie an der Börse, wegen einer Schachtel Zigaretten – die Gefängniswährung – geht schon mal ein Leben drauf. Hinter den Mauern wird gekokst und gespritzt, werden Hektoliter Schnaps aus Mais und Mehl gebrannt, alte Rechnungen mit Meuchelmord beglichen, Blutsbrüderschaft und der Bund fürs Leben geschlossen. In der Hölle tobt das Leben und regiert der Tod.

Der ummauerte Seelenverkäufer von São Paulo: Die Insassen und Wärter sind seine Matrosen. Durch die Gitter von Carandiru gesehen liegt draußen der Ozean. Wir Freigänger aber stehen auf festem Boden. Glauben wir.

Der Tag in Carandiru beginnt um fünf Uhr morgens, wenn die Putzgeschwader der sechs Gefängnisblöcke noch in der Dunkelheit Brot und Kaffee durch die Luken der Zellen austeilen. Das hat leise zu geschehen. Lautes Klappern, Klospülen oder Gequatsche fällt auf die Urheber zurück. Carandiru hat tausend Augen und Ohren.

Um acht Uhr Aufschluss. Die Zellenbewohner treten schweigend auf den Korridor. Die Gruppen, die in der Gefängnisfabrik Fußbälle nähen oder Briefumschläge kleben, rücken ab. Bereits um neun Uhr ist „Mittagessen". Zentralküche und Refektorium sind schon lange aufgelöst. Das Essen – ein Eintopf aus Reis, Bohnen, Kartoffeln und Fleischresten – wird in Henkelmännern ausgeteilt. Wer es statt in der Zelle auf dem Korridor verschlingt, versündigt sich gegen eines der unzähligen ungeschriebenen Gesetze.

Vormittags gibt es eine Stunde Sport im Gefängnishof – Fußball, Gewichtheben oder „Capoeira", der Kampftanz aus der Sklavenzeit. Jeder Block hat ein Fussball-Team – und zahlreiche Siegerurkunden aus Begegnungen mit Mannschaften von draußen.

Um drei Uhr nachmittags das Abendbrot, um fünf Uhr wird durchgezählt. Um sieben werden die Zellen zum Korridor abgeschlossen. Zur Vorwarnung lassen die Gefängniswärter ihre Prügel über Gitterstäbe rattern. Dann geht alles ganz schnell. Wer nicht spurt, wird nur einmal notiert. Beim zweitenmal nicht mehr – dann gibt es Strafverschärfung. Nach den Fernsehabendnachrichten verebbt das Gesumme und Gemurmel in den Zellen. Der Schlaf ist den Gefangenen heilig – wer lärmt, bekommt die kollektive Strafe auf der Haut zu spüren.

Vor dem Gesetz sind alle gleich – ein abgeschmackter Traum. In Carandiru hockt kein Akademiker; die haben nach brasilianischem Recht Anspruch auf Einzelzelle. Die Zellen in Carandiru sind mit drei, vier, fünf, auch mit zehn Leuten belegt. Um die besten Lager, dünne Schaumgummimatten, wird gefeilscht und gehandelt. Gute Schlafplätze kosten Miete. Alles, was das Leben erleichtert, kostet Geld: eine schwule Geliebte, Pornohefte, Extrarationen, Zigaretten, Schnaps, ein Schuss Kokain und vor allem Crack, das so gut wie jeder raucht. Nicht wenige Häftlinge sterben an Aids, bevor sie aus Gnade entlassen werden.

Neulinge, die die Hackordnung nicht kennen, werden sie schmerzhaft kennenlernen. Wer gegenüber den Wärtern plaudert, verspielt sein Leben. Wer seine Schulden nicht bezahlt, wacht tot auf. Die Gesetzesbrecher ahnden im Knast jedes Vergehen gegen die ungeschriebene Ordnung mit drakonischer Strenge. Die Wärter sind bloß Staffage, sie lassen den Laden laufen, es bleibt ihnen auch nichts anderes übrig, sie sind viel zu wenig, zu schlecht bezahlt, zu unerfahren. Und nur durch Zufall auf der „richtigen" Seite.

In jedem Block herrschen Blockwarte, denen der Boss nicht auf den ersten Blick anzusehen ist. Es sind nicht unbedingt die stärksten Männer oder diejenigen, die beim Besuchstag die prallsten Plastiktüten abstauben. Die Auswahl der Chefs folgt nach dem Leitwolfprinzip. Ein Greenhorn ist natürlich nicht unter dem Pack. Eher deutet die Anzahl der Narben – so wie Streifen auf einer Uniform – auf eine gewisse Stellung ihrer Träger hin. Bauernschläue, Menschenkenntnis, Mannesmut, absolute Verschwiegenheit, Wortkargheit, Gesetzeskunde und viel, viel Erfahrung, ja sogar Enthaltsamkeit gegenüber Drogen, sind elementare Voraussetzungen, bis jemand von den Knastbrüdern als Häuptling anerkannt wird. Und nur über diese Männer laufen Verhandlungen mit den Chefs der anderen Seite.

Alle Straftaten von Mord bis Diebstahl werden als Leistung anerkannt – bis auf eine: Sexualverbrecher haben keinen Kredit. Die müssen, um der Lynchjustiz zu entgehen, abgesondert werden. Carandiru verfügt über solche finsteren Verliese, die niemals aufgeschlossen werden, und in denen die Unglücklichen bei lebendigem Leibe vermodern. Einen Monat Haft in diesen Löchern macht die Männer weise.

Und nicht jeder Block ist gleich. Pavillon Vier gilt als besser als Nummer Fünf oder Neun. Pavillon Vier liegt auch dicht an der Außenmauer – von hier aus werden die Tunnel gegraben. In Pavillon Neun hausen zweitausend Leute, das ist eine einzige Geruchs- und Gerüchteküche. So gut wie alle gewaltsamen Geiselnahmen von Gefängniswärtern erfolgen, um die Versetzung in einen anderen, besseren Block zu erzwingen.

Die Stadt der Untoten kennt zahlreiche Viertel, Plätze, Berufe und Religionen. Für die Erweckungsprediger der „Assambléia de Deus" ist Carandiru ein fruchtbarer Acker. Keine andere Sekte hat so viele Anhänger in der Strafanstalt wie diese. Wer sich der „Versammlung Gottes" anschließt, unterwirft sich einer Gehirnwäsche. Nicht eine Stunde vergeht ohne Gebete und Indoktrination. Die Frommen sind wie aus dem Ei gepellt, sie verzichten auf alles, auf Drogen, Fernsehen und Frauen, auf jedes persönliche Eigentum. Ihr Korridor glänzt vor Reinheit. Aber das Wort Gottes schallt, bellt und schluchzt dort vom Morgengrauen bis spät in die Nacht, unerbittlich und ohne Gnade.

Freitags macht Carandiru eine Metamorphose durch. Die Zellen, von ihren Männern aufs Peinlichste sauber gehalten, werden noch gründlicher als sonst mit „Creolina", dem scharfen Putzmittel, ausgescheuert. Die Pin-Ups werden abgehängt, die Kleider gründlich gewaschen und gebügelt, die Körper geseift und parfümiert. Denn Samstag ist Besuchstag. Samstags haben die Männer „Visita íntima". Seit dem frühen Morgen stehen die verheirateten Frauen, die Verlobten und Geliebten draußen Schlange. Wer keinen Besuch empfängt, stellt seine Matratze zur Verfügung und trollt sich in eine Ecke des Korridors davon. Wer auch nur ein Auge auf eine der fremden Damen wirft, verwirkt sein Leben.

Die Frauen müssen sich registrieren lassen. Wer seine intime Partnerin wechselt, muss einen Monat Karenzzeit einhalten. Alles hat seine Ordnung, auch die Liebe, und die besonders. In Zellen mit mehreren Bewohnern und Besucherinnen werden Vorhänge aufgezogen und die Radios laut gestellt. Diskretion ist nicht nur Ehrensache, sondern absolutes Gebot. Die Eifersucht wird sich dann später mit Messern austoben.

Häftlinge sind von Frauen begehrt, konstatieren neidisch die ergrauten Wärter. Sie führen ein Hundeleben mit einem Hungerlohn. Gewiss, sie können sich durch regelwidrige Geschäfte mit den Insassen materielle Verbesserung verschaffen. Aber nicht wenige schlagen sich nach Dienstschluss noch mit Nebenjobs durch, als Taxifahrer oder Berufskiller im Auftrag von Ladeninhabern, denen das Geschäft zum wiederholten Male ausgeraubt wurde. Fast alle haben gescheiterte Ehen. In den Bars an der Avenida Cruzeiro do Sul spülen sie sich den Frust mit Schnaps herunter, schimpfen auf die Chefs, die Journalisten und die verdammten Weicheier von den Menschenrechtsgruppen. Aber kaum auf ihre „Kunden".

Und sie schwelgen in Erinnerungen – an ihre ermordeten Kollegen, an die blutigsten Geiseldramen und Rebellionen, die Ausbruchversuche, die Morde und Suizide. Einmal, da hatten sie in Block Sieben einen Tunnel gegraben – einen 100 Meter langen Stollen unter die Mauern hindurch, von Kloakenbrühe und Ratten verseucht. 77 gelang die Flucht in den Hinterhof einer Hütte dort draußen. Der 78., ein gewisser „Rolha", blieb kurz vor der Freiheit im Stollen stecken. Sie mussten ihn sofort in ein anderes Gefängnis verlegen, er wäre von seinen Kameraden auf der Stelle gelyncht worden.
Und über den 2. Oktober 1992 wollen die Herren nicht reden? An jenem Tag endete eine mehrtägige Revolte in Carandiru mit einem Massaker an 111 Gefangenen. Angesichts des Aufruhrs im Gefängnis hatte die Leitung Einsatzpolizei angefordert. Die rückte mit Maschinenpistolen und Schäferhunden an. „Pente fina" hieß der Befehl – lupenrein Block für Block, Zelle für Zelle durchkämmen! Die Gefangenen mussten sich nackt mit dem Gesicht zur Wand aufstellen. Wer zögerte, wurde umgelegt. Wo sich Widerstand regte, legte die Polizei Feuer. Blutlachen und Leichenberge hinterließen die Ordnungskräfte zurück. Draußen vor dem Gefängnis Szenen der Verzweiflung.
Der zuständige Innenminister war gerade auf einer Party. Er sah keinen Anlass zu kommen, oder gar später zurückzutreten. Schließlich hätten die Strafgefangenen selber Schuld und die Ordnungskräfte angegriffen. Von den Einsatzkommandos war kein Mann zu Schaden gekommen. Es ist auch keiner je vor den Kadi gekommen. Obgleich das Gemetzel durch Zeugenaussagen und Indizienbeweise rekonstruiert werden konnte.
Carandiru mache aus erwachsenen Männern langsam debile Kinder, meint Drauzio Varella, der Arzt. Seine Dokumentation verschafft eine Innenansicht in den brasilianischen Strafvollzug. Carandiru ist überall. Die Gefängnisse des Landes sind überfüllt und spotten jedem humanen Strafvollzug Hohn. Was in ihnen vorgeht, weiß kein Richter. Es interessiert die fürstlich bestallten Herren in den Roben auch nicht. Was in Carindiru landet, ist Schrott, so glauben sie. Wer aber Wähler betrügt, die Steuern hinterzieht, Millionen wie der Ex-Präsident Fernando Collor beiseite schafft und Bilanzen fälscht, der hat Carandiru nicht zu fürchten. In der Rechtsprechung und im Strafvollzug zeigt sich die dunkle Seite einer feinen Gesellschaft. Aber nicht da drinnen, in Carandiru.

Krokodilchen geht es besser

Von Berlin-Mitte bis zur Favela Jacarezinho („Krokodilchen") in Rio de Janeiro war es nur ein Sprung. Jedenfalls für den Zottelbär Dietmar Starke. In Berlin sah er die Mauer fallen. In Jacarezinho auch. In der Favela fiel eine andere Mauer, aber auch eine, die den Menschen die Luft zum Atmen nahm. Diese Mauer hat Dietmar Starke niedergerissen; seither gilt er als guter Geist von „Krokodilchen".

Von der Favela aus gesehen liegen Blumenau oder Berlin auf dem Mond. Dietmar Starke stammt aus Blumenau, dieser südbrasilianischen Teutonenmetropole mit dem feuchtesten Oktoberfest südlich des Äquators. Sein Vater, Großvater und Urgroßvater sprachen Deutsch. Dietmar, 41, nuschelt es auch. Das hatte ihm geholfen, nach dem Architekturstudium in Brasilien an die TH Stuttgart und an die Hochschule für bildende Künste in Berlin zu kommen, wo er zwölf Jahre blieb.

Aber nun ist Dietmar Starke Stadtplaner von Rio de Janeiro. Der Teutobrasilianer soll sich um die Sanierung von Favelas kümmern. Da haben sie so ein Programm - Favela-Bairro heißt es; einige Millionen Dollar leiht dafür die Interamerikanische Entwicklungsbank. Die Grundidee besteht darin, die Favela-Bewohner in selbstbewusste Bürger zu verwandeln. Schöne Idee! „Das geht aber nur, wenn man sie auch als Bürger akzeptiert und nicht als bloße Planungsobjekte betrachtet", warnt Dietmar Starke.

Er soll sich um das „Krokodilchen" kümmern. Auf dem Stadtplan findet sich nur ein brauner Fleck, und darüber gedruckt: Favela do Jacarezinho. So gut wie jeder in Rio de Janeiro hat mal von diesem Ort gehört und gelesen. In der Regel Gruselgeschichten von Mord und Totschlag und dem Krieg der Drogenbosse untereinander.

Eingepfercht zwischen den Bahngleisen, dem Gelände der Lampenfabrik, dem Rio Jacaré, einer stinkenden Kloake, und der Avenida Suburbana, hausen in Jacarezinho 58.000 Menschen auf nicht einmal drei Quadratkilometern Fläche. Dietmar hat nachgerechnet: jeder Bewohner verfügt über sechs Quadratmeter Wohnraum, so wenig wie ein Strafgefangener in seiner Zelle auch.

Das „Krokodilchen" hat 70 Jahre auf dem Buckel. Seine ersten Bewohner waren ehemalige Sklaven, die sich auf dem herrenlosen Hügel in der Vorstadt niedergelassen hatten. In den umliegenden Fabriken gab es Arbeit, so zogen immer mehr Menschen dorthin. Jeder baute sein eigenes Haus aus Latten, Ziegeln und Wellblech. Und als der Platz nicht mehr ausreichte, bauten sie in die Höhe. Herausgekommen ist dabei ein Labyrinth, ein Ameisenhaufen, eine

16

Schutthalde, eine Stadt, die einer arabischen Kashbah gleicht. So wie Jacarezinho mögen wohl auch die engen mittelalterlichen Städte ausgesehen haben, in denen die Pest ausbrach.

Man betritt das „Krokodilchen" auf einem Trampelpfad über die Bahngleise; da kriechen alle Stunde Güterzüge durch – Zeit genug, um den Höker, den Plunder, die Marktstände schnell beiseite zu schaffen. Jenseits der Gleise beginnt die Hauptschlagader der Favela, „unsere Fifth Avenue" scherzt Dietmar. Vom Abdecker über den Bäcker bis zum Zahnzieher sind alle Professionen und Konfessionen vertreten – 58 Sekten mit 120 Tempeln, davon die meisten der Erweckungsprediger. Wer in Jacarezinho haust, braucht sein Leben lang nicht hinaus: es ist alles da, bis auf anständige Schulen, saubere Kliniken und höhere Lehranstalten. Bloß die Toten werden draußen verscharrt oder am Kanal in der „Mikrowelle" brennender Reifen entsorgt.

„Als ich ankam, liefen hier, auf dieser Straße, selbst Knirpse mit Pistolen rum. Beinahe hätten sie mich an der Backe erwischt. Das Kokain wurde wie Coca-Cola verkauft. Und es brauchte seine Zeit, bis mich die Drogenbosse anerkannten. Dann sprach es sich rum, und jetzt bin ich der Dietmar, amigo".

„Oi, Dietmar!". Die dicke schwarze Ruth kommt hinzu. Sie ist eine von zwölf „gerentes" im Projekt Favela-Bairro, die als Sozialarbeiter und Kontaktpersonen zu den Bewohnern dienen. Die Stadtverwaltung wagt keinen Lampenmast aufzustellen und nicht ein einziges Rohr zu verlegen, ohne vorher die Meinung der Favelados in endlosen Palavern zu ergründen. Ohne die Zustimmung der Bewohner wäre am nächsten Tag alles schon wieder zerstört.

„Unsere Architekten glauben oft, es reicht die Blaupause, fertig. Dann wird gebaut. Aber so geht das nicht. Wir können nicht über die Köpfe der Leute entscheiden! Wir können nicht die soziale Infrastruktur zerreißen. Wir müssen mit der Bürgerversammlung und natürlich auch mit den Drogenbossen zusammenarbeiten. Sonst gibt es Krieg".

Dietmar und Ruth gehen voran. Die Stiegen und Steigen, die Gassen und Gässchen sind oft so eng, dass die dicke Ruth darin steckenzubleiben droht. Wenigstens ist es kühl im Schatten des krumm und schief geziegelten Bienenstocks. Und plötzlich stehen wir vor der Mauer. Zehn Meter hoch mag sie sein, und sie stützt ein bewohntes Gemäuer. Bis hierhin und nicht weiter! schien die Mauer zu sagen – denn jenseits ihrer Dornenkrone liegt die schwer bewachte Glühlampenfabrik.

Die Mauer muss weg! Das war Dietmars Überzeugung. In harten Verhandlungen mit den Direktoren der Lampenfabrik konnte er ihnen einen zwanzig Meter breiten Streifen abhandeln. Als die Mauer im September 1999 endlich fiel, war das ein Freudenfest im „Krokodilchen". Auf einmal kam Licht und Luft in die Favela.

Natürlich wurde um die Fabrik, zurückversetzt, eine neue Mauer gezogen. Doch davor verläuft nun eine hell erleuchtete Straße, auf der die Kinder spielen. Die Erwachsenen halten ihren Plausch auf den Parkbänken, und da und dort haben sie Sträucher angepflanzt. Ein paar Quadratmeter Auslauf sind es nur – aber Platz genug zum Atmen.

Wo dieser Platz nicht reichte, mussten auch Häuser weichen. Die letzte Wohnwabe reißt gerade ein Bagger ein. Es ist nicht der Staub, der Patrícia die Tränen in die Augen treibt. Sie hat in diesem Gemäuer gelebt und ein Kind zur Welt gebracht. Arlene, die ältere Frau, versucht zu trösten. Arlene hat dort auch mit ihren vier Kindern gehaust. Beide Frauen haben ein Heim in der Nachbarschaft gefunden und eine Entschädigung kassiert, über die sie nicht klagen. Kein Haus wurde abgerissen ohne die Zustimmung der Bewohner.

Das Projekt Favela-Bairro ist nicht der erste Versuch, die Elendsviertel von Rio de Janeiro zu verbessern. Meistens aber versanken diese Projekte im politischen Sumpf. Die Bewohner der Favelas waren bloß Wähler-Verfügungsmasse. Mit dem Bürgermeister Luis Paulo Conde hat der Wind gewechselt. Der OB ist Architekt und Urbanist wie Dietmar. Er bemüht sich, mit bescheidenen Mitteln, der Stadt auch dort ein menschlicheres Gesicht zu geben, wo kein Tourist hinkommt.

Die Favela Jacarezinho ist nur eines unter hundert Elendsgebieten in Rio. Für ihre Sanierung stehen umgerechnet ganze 17 Millionen Mark aus dem Stadtsäckel zur Verfügung. Ein Tropfen auf dem heißen Stein. „Doch damit können wir für die nächsten zwei, drei Jahre schon etwas bewegen", meint Dietmar voller Optimismus. So gut wie alle Behausungen verfügen über Strom und Wasser und auch Kanalisation. Bloß: der Strom und das Wasser werden von mafiosen „Unternehmern" an den städtischen Hauptrohren und -leitungen illegal abgezapft und den Bewohnern teuer berechnet.

Über den Dächern der Favela hängt ein dichtes Haarnetz von Kabeln und Schnüren. Man sieht das sehr schön aus der luftigen Luke von „Seu Manuel", der, vier Stiegen hoch, einen Verschlag behaust, in dem ihm seine geliebten gefiederten Freunde das Leben versüßen. Die Zeisige, Rallen und Mücken hütet Manuel wie seinen Augapfel. Die Federbälle hinter Gittern haben ihm auf Auktionen schon schöne Preise gebracht. Für sie spart sich der Rentner das Vogelfutter vom Leibe ab.

Die Idylle im Labyrinth, ja sie gibt es. Es gibt sogar eine eigene Radiostation für das „Krokodilchen". „Radio 99,3 FM" steht über der Hütte geschrieben.

Sérgio Ricardo de Oliveira ist der schweigsame Eigentümer. Gesendet wird Rap und Funk und Samba auch. Und was alles so in Jacarazinho passiert. Klar, dass Sérgio die Radiolizenz nicht vom Ministerium, sondern von den Drogendealern hat. Für die ist es nützlich zu wissen, wenn die Militärpolizei wieder einmal vorhat, das „Krokodilchen" zu durchkämmen.

Mit der Polizei braucht keiner zu kommen. Wer an sie etwas verpfeift, der hat sein Leben verwirkt. Im „Krokodilchen" herrschen eigene Gesetze. Die Droge bringt Geld, und die Dealer stiften Fußballpokale und die Kostüme für die Sambaschule „Unidos do Jacarezinho", immerhin 1998 auf dem 1. Platz in der zweiten Liga.

Die Bewohner hängen an ihrem Kiez. In der Favela ist man nie allein. Gute Nachbarschaft und gegenseitige Hilfe sind selbstverständlich. Aber in der Favela sind nicht alle gleich. Wer oben auf dem Hügel wohnt, hat es besser als dort unten am Kanal, durch den der Rio Jacaré seine schwarze Brühe wälzt. Nach jedem Gewitter tritt er über die Betonumfassung und überschwemmt die Hütten. Die stehen auf morschen Stelzen mitten in einem stinkenden Sumpf. Die Ufer-Sanierung wird noch viel Geld kosten.

Im Gassengewirr, das sich den Hügel hochzieht, seien nur wenige Baumaßnahmen notwendig, meint Dietmar. Mitten drin im Labyrinth will man vier, fünf Häuser abreißen und an ihrer Stelle einen kleinen, von Segelbahnen überdachten, luftigen Platz schaffen. Die Bürger haben dem zugestimmt. Die Drogenbosse auch – ohne die Deckung der Bewohner wären sie hilflos der Polizei ausgeliefert.

Wie Apfelsinenkisten, die man sorglos neben- und übereinander gestapelt hat, stecken die unverputzten Behausungen zusammen. Kein urbaner Plan ist zu erkennen, alles wuchert wild gegen den Himmel.

Jeder baut sein Heim, wie er es kann. Wer über keinen eigenen Herd verfügt, muss kräftig Miete zahlen. In der Favela zu wohnen, ist nicht billig. Bescheidene Halbruinen kosten umgerechnet schon 20 bis 30.000 Mark! Die Favela plattzumachen und ihre Bewohner in Hochhaustürme zu stecken, wäre aber unmenschlich, teuer und nutzlos. Sofort würden an anderer Stelle neue Favelas aus dem Boden sprießen.

Der Urbanist und Architekt Dietmar Starke pfeift auf Bebauungsplan und Bauverordnung. Wer würde sich daran schon halten? Und wer hätte das Geld dazu? Die Bewohner des „Krokodilchen" wissen selber, was fehlt. „Der beste Weg, aus ihnen selbstbewusste Bürger zu machen, besteht darin, ihnen Vertrauen entgegenzubringen!". Subkultur als Kultur? „Vergessen wir mal Europa und eure feine Gesellschaft! Wir hier leben in der informellen Gesellschaft –

aber gesetzlos nicht!" Die Coca-Cola am Gassenrand werden wir dem Wirt später bezahlen: man kennt sich ja.

Auch wenn das Auge sich erst langsam an das scheinbare Chaos im „Krokodilchen" gewöhnt – unverkennbar handelt es sich um eine lebendige Stadt. „Der Vergleich mit einer arabischen Kashbah ist keineswegs abwegig. Ich habe selber einige Monate in Ägypten mit dem Bauhaus-Direktor Omar Akbar, einem Afghanen, bei der Slum-Sanierung in Kairo mitgearbeitet. Wir müssten hier in Jacarezinho eigentlich die urbane Architektur afrikanisieren. Und das heißt, mit den traditionellen Mittel einer Architektur ohne Architekten die Bewohner stimulieren, ihre Häuser klimagerechter zu bauen, mit Luft-und Windschächten, Sonnensegel, Innenhöfen und Dachgärten. Denn wir haben hier in Jacarezinho eine Menge Probleme mit Asthma, Allergien und Hautausschlägen."

Dietmar Starke kommt ins Schwitzen und Schwärmen. Er träumt davon, mitten im „Krokodilchen" so etwas wie einen internationalen Work-shop für Urbanisten einzurichten. Und damit auch die brasilianischen Architekturstudenten - vielleicht sind ja einige aus Jacarazinho darunter? – wegzulotsen von den klimatisierten Hörsälen und sie zu konfrontieren mit der echten Herausforderung: nämlich die Favelas, in denen vier von zwölf Millionen Cariocas hausen, langsam aber sicher zu verbessern. Schließlich geht es darum, aus den Bewohnern Bürger zu machen, mit allen Rechten und Pflichten.

Stammt nicht auch Romário, der Fußball-Held, aus Jacarezinho? Darauf ist man im „Krokodilchen" ganz besonders stolz. Man sieht ihn allerdings nur noch im Fernsehen. Der Himmel ist weit, das Elend so nah. Mit Wundern ist nicht geholfen. „Wir werden uns selber helfen", meint Evandro, der Chef der Bürgerversammlung. Und wie läuft die Sanierung? „Danke, Krokodilchen geht es besser!" Dank Dietmar, amigo. Der schwitzt.

Miss Rinderlende

Dieselschwaden und Fäulnis, die aus den Abwasserkanälen steigt, der Staub vom Straßenrand und der Gestank von verbranntem Gummi; grelle Plakatwände, die schäbige Mietskasernen verdecken: Nova Iguaçu – nach Rio de Janeiro sind es auf der Via Dutra noch 13 km. Die Autobahn schneidet quer durch die Siedlung, in der vielleicht 1,4 Millionen Leute hausen, so genau weiß das keiner. Nachts wagt sich die Polizei hier nicht auf die Straße. Der Christus auf dem Corcovado-Berg, der seine Arme segnend über die Reichen an der Copacabana ausbreitet, dreht Nova Iguaçu den Rücken zu. Die Bewohner aus der Vorstadt hat er vergessen; sie müssen selber sehen, wie sie sich durchschlagen.

Die Hütte in der Rua de Manuel 122 ist immerhin aus Ziegelsteinen gemauert. Drinnen trennt ein Tuch aus rotem Velours wie ein Bühnenvorhang die dunklen Matratzenlager von der guten Stube. Durchgesessene Plastiksessel, ein Strauß Trockenblumen und der wuchtige Fernsehapparat signalisieren bescheidenen Wohlstand. Aber das wichtigste sind die drei goldenen Trophäen auf der Kommode. Die hat Andréa Assis als Schönheitskönigin gewonnen: „Miss Primavera" schon mit 14 Jahren; „Prinzessin Lende" – das war der 1. Preis der Fleischbraterei „Churrascaria Castelo"; und vom letzten Jahr die Siegerprämie „Kaffee-Püppchen" in einem Schönheitswettbewerb unter dunkelhäutigen Mädchen.

Andréa kommt dem Ideal recht nahe, das Mann sich von einer farbigen Schönheit, einer Mulata aus Brasilien, erträumt: Konfektionsmaß 38, Oberweite 85, Taille 69, Hüfte 92, mit 1,65 Metern Körpergröße vielleicht etwas zu kurz geraten – aber diesen Makel macht ihr Schokoladengesicht mit der Löwenmähne wieder wett. Sie könnte eine Schwester von Deise Nuñez sein, der einzigen Mulata, die den Titel „Miss Brasil" bislang erringen konnte.

„Dieses Fotoalbum beginnt mit jenem Tag, als ich meine ersten 15 Frühlingsjahre vollendete, und ich bin glücklich und denke an meine Eltern und meine Geschwister und alle, die zu mir wie gute Freunde waren ... und ich wünsche mir in meinem Leben, dass ich keinem Menschen weh tue und daß alle mich mögen – Andréa". Andréa auf dem Laufsteg, Andréia im Abendkleid, Andréa im Bikini. Jetzt ist Andréa 21 Jahre alt, und sie möchte gerne ein „book" zusammenstellen, ein Portfolio mit den besten ihrer Fotos, denn es kommen immer wieder Anfragen nach Defilees, Modeaufnahmen, Wäscheshows. Kürzlich hat ihr der Manager von der Diskothek „Rio-Sampa" ein Angebot gemacht: unter einem künstlichen Wasserfall ohne Bikini zu tanzen. Sie hat nichts dagegen, sich auch nackt zu zeigen – aber für die paar Dollars in der

Show, das war schon ziemlich beleidigend. Und dann sagte der Kerl auch noch, sie wollten eigentlich eine Weiße haben.

In der „Scala", da tanzen sie vor den Touristen. Schön und kaffeebraun, Brasiliens Frauen! Jeden Abend die gleiche Szene: unter den säuerlichen Blicken der Gattin wird der Vater auf die Bühne gerufen, darf eine Karnevalsprinzessin in die Arme nehmen und seinen Wohlstandsspeck schwenken: Samba! Klasseweiber! Hinter den Kulissen hetzen die Mädchen in den Umkleideraum zurück und wieder auf die Bühne. Die Leitung des Hauses kann es sich leisten, jede Woche 200 Bewerberinnen abzulehnen und nur die Talentiertesten auszusuchen. Getanzt wird zum Hungerlohn – aber die Aussicht auf Tournee ins Ausland zu gehen, auf Betriebsfesten in der Schweiz und in Japan vor betrunkenen Bierbäuchen aufzutreten und, wer weiß, einen von denen zu angeln, ist verlockender als irgendwo an der Copacabana auf dem Straßenstrich zu landen.

In jeder Favela, in jedem Dorf, schon in der Schule, im Klub und selbst bei der Müllabfuhr stehen Schönheitswettbewerbe auf dem Programm. Brasilianischer Körperkult: die Beschwörung des kleinen Glücks, die Schönste zu sein. Jeder Tag ein Fest der Eigenliebe, wenn es schon sonst nichts zu feiern gibt. „Beleza pura", reine Schönheit! Das sagt man, wenn es einem gut geht, wenn die Haut sich anfühlt wie Samt und Seide.

„Du musst viel frische Sachen essen, gut schlafen und aufpassen, mit wem du gehst; Mannequin und Fotomodell zu sein ist ein harter Job", mahnt Andréas Mutter. Sie hat vor zwanzig Jahren selber ein paar Schärpen in Schönheitswettbewerben gewonnen; jetzt geht sie überall mit und passt auf, daß ihre Tochter an die richtigen „Produzenten" gerät; in Rio gibt es zu viele Männer, die die große Karriere versprechen und dann endet alles ja doch im Bett. „Und wenn Du sagst, Du kommst aus Nova Iguaçu, dann behandeln sie Dich wie den letzten Dreck".

Draußen vor der Hütte nagt „Xuxa", die zottelige Promenademischung, an einem Stück Plastikrohr. Die richtige Xuxa („Schuh-Schah") heißt Maria Graça Meniguel und sie ist der populärste Fernsehstar Brasiliens, der Kindersendung von TV Globo. Close up Xuxa: Stupsnase und eisblaue Unschuldsaugen, strohblonde Zöpfe, Schmollmund, der beim Lächeln Mäusezähnchen zeigt – das perfekte Kindchen-Schema einer nordischen Nymphe. Jeder weiß, dass ihre Karriere im Nachtlokal begann. Aber was macht das schon? Ist sie nicht zauberhaft? Jeder Kindergeburtstag wird zum Xuxa-Fest. So sauber, so blond, so unschuldig wie Xuxa sollen alle Kinder sein, auch die braunen und schwarzen.

„New York, New York" singt Frank Sinatra, „old blue eye", von der zerkratzten Platte. Ein Dutzend dunkler Mädchen tragen Mary-Poppins-Kleider, die Jungen Cut und Zylinder, so wie einst die Sklavenhalter der Plantagen, und sie tanzen hoppelnd Quadrille. Vânias Geburtstag und Eintritt ins Erwachsenenleben wird heute gefeiert. Die 15-jährige hockt stumm neben ihren Eltern und den Chefs der Drogenmafia, die Träger ihres schneeweißen Chiffon-Kleides wollen ihr immer wieder von der Schulter fallen und ihr Näschen schwitzt. In blumigen Wendungen raunt der Conférencier die Dankbarkeit der lieben Tochter für die Eltern und Freunde ins Mikrophon, und wie bei einer königlichen Audienz werden alle guten Freunde, Tanten und Onkels und auch die Großmutter nach vorne gebeten, Reverenz zu erweisen. Drinnen in der Hütte, unter dem harten Licht der nackten Glühbirne, ist die mühlradgroße Zuckertorte aufgebahrt. Später wird es davon zu essen geben, später, wenn die Hähne krähen und die mageren Köter jeden Versuch aufgegeben haben, ein paar Krümel aufzuschnappen. Später, wenn der Walzer von der „blauen Donau", den jetzt die Tochter mit dem Vater in das Leben tanzt, längst von Samba und Reggae vertrieben worden ist, die Jungs sich mit Zuckerrohrschnaps vollgedröhnt haben und die Mädchen aus der Favela Mangueira schon vom nächsten Fest träumen, vom Karneval und einem treuen Mann. Ein treuer Mann, ein reicher Mann; einer, der nicht nach den anderen Mädchen schaut. „Ich liebe Dich und Deinen wundervollen Schoß"; was kann sich Suleide davon schon kaufen? Und trotzdem hat sie das ungelenk gekritzelte Billett über ihre Matratze an die Bretterwand geheftet. Tagsüber arbeitet die 18-jährige an der Praça Mauá als Toilettenfrau. Abends verwandelt sie ihre Baracke in einen Schönheitssalon. Maniküre: die Handflächen der Mädchen sind vom Waschen und Putzen so rauh!, Pediküre, „depilação", das Entfernen der Körperhaare. An den Armen und Beinen werden sie mit einer Paste aus Peroxyd geblondet, unter den Achseln und an der Scham rasiert: was sollen die Männner denken, wenn unter dem knappen Bikini auch nur ein Härchen hervorlugt! Das größte Problem für alle Morenas, Mulatas und Negras aber ist die Frisur. Wer hat schon so schöne, glatte Haare wie Xuxa! „Bom-bril", Putzwolle auf dem Kopf, das ist das Schlimmste. Die Mädchen schmieren sich Glattmacher in die Locken, bis die Kopfhaut vor lauter Säure Ausschläge bekommt. Rastafari-Zöpfe mögen nur die Gringos; Perücken sind so teuer. Mit den Haaren ist es zum Verzweifeln. Und die Haut könnte auch etwas weniger dunkel sein. „Gutes Aussehen" verlangen die Personalchefs. Und das heißt immer noch: helle Haut.
Andréa will ins Show-Business – und irgendwann auf Tournee. Das hat sie den Lokalreportern gesagt, und nun hängt der Zeitungsausschnitt mit ihrem Foto

am Eingang der „Academia Corpo e Formas". Sie gibt dort Unterricht für künftige Glamour Girls. Andréas Academia ist beileibe nicht die einzige Körperschule von Rio. In der Karnevalsstadt gibt es davon mehr als Kindergärten und Kirchen. Doch in Nova Iguaçu haben nur die Reichen das Geld, ihre Sprößlinge tanzen zu lassen. Der blasierte Stolz ist den Kindern ins Gesicht geschrieben – oder kommt das von Andréas Bemühungen, die Kleinen zu künftigen Topmodels auszubilden? Auf den gekachelten Boden hat sie mit Latten einen Laufsteg markiert. Band ab! „Enigma" und „Kenny G" pusten aus dem Verstärker. Im Kälbergang staksen die Mädchen nach vorne, leichte Drehung, nach rechts schreiten, Hüftschwung, die Arme hoch ins Haar fahren, Augenaufschlag, lächeln, nach links, das Gleiche noch einmal. Was treibt die Gören zu diesem narzistischen Stumpfsinn? Warum gehen diese Mädchen nicht in einen Schreibmaschinenkurs?

Die Bischöfe haben längst aufgegeben, den Brasilianern den Körper aus der Seele zu treiben. In der Kirche ist das Küssen nicht verboten, und beim Gebet umarmt man sich. Die Brasilianer sind süchtig nach Körperkontakt, man schlägt sich auf die Schulter, streichelt den Arm, fasst sich um die Hüfte, selbst der hässlichste Vorzimmerdrachen bekommt ein Küßchen auf die Wange gehaucht, und sie erwidern die Zärtlichkeit: Küßchen, Küßchen, beijinho, beijinho, tschau, tschau!

Draußen in der Provinz gelten die Debütantenbälle, Schönheitskonkurrenzen und Modeschauen zu den wichtigsten gesellschaftlichen Ereignissen nach dem Karneval. Einmal als „Miss Badestrand" vom Bürgermeister eine Urkunde zu erhalten, als „Botschafterin unserer Stadt" in der Sozialspalte der Heimatzeitung mit Bild abgedruckt zu erscheinen, das entschädigt für die Langeweile zu Hause, erfüllt die Eltern mit Stolz und verkürzt die Wartezeit bis zur Ehe.

Note zwei: mittelmäßig, Note drei: passabel, Note vier: gut, Note fünf: hervorragend. Links ist der Name des Modells einzutragen. Ein Dutzend männlicher Lokalgäste hält den Bleistift in der Hand. Jetzt kündet Nelson Dias das nächste Modell an. Wie alt? 18. Dein Traum? Einmal ganz groß rauskommen, vielleicht in Italien. Dein Idol? Naja, vielleicht, ich weiß nicht: mein Freund. Johlen im Saale. Und Dein Fußballklub? Flamengo, natürlich. Na, dann zeig mal, was Du kannst. Yolanda, Maria, Silvia, Shirleyne, die Mädchen aus der Vorstadt, die Nachwuchstalente – Nelson Dias, der Schnauzbart mit der Whiskystimme, die keinen vollständigen Satz mehr zustandebringt, er schickt sie auf den Laufsteg. Und sie zeigen sich im knappen Bikini, der in den Kugelpo kneift – den „Bum-Bum brasiliero"; auf den kommt es an, hat Nelson gesagt.

Andréia aus der Vorstadt wird heute in der „Danceteria Atlântica" defilieren. Vielleicht ist das der Durchbruch.

Es gibt immer einen Ausweg

Welche Katastrophe, vier Wochen vor dem Karneval! Sechs Prunkwagen der Sambaschule „União da Ilha" gehen in Flammen auf! Jede Hilfe kommt zu spät. Schluchzend stehen die Bewohner der Favela vor den rauchenden Trümmern. Aus der Traum! Der teure Glitzerschmuck und die unzähligen Nächte, in denen sie mit Hingabe die Kostüme genäht und die Fahnen gestickt haben, waren umsonst. Das darf doch nicht wahr sein: Die Sambaschule wird am Karnevalssonntag nicht durch das Sambodrom von Rio de Janeiro defilieren können – oder doch?

Nebensächlich? Nicht für die Brasilianer. Für die Leute in Wall Street vielleicht. Die zittern um Milliarden Dollar, die ihnen Brasilien schuldet. Der Crash der achtgrößten Industrienation droht den amerikanischen Kontinent zu erschüttern. Seit Jahresbeginn 1999 sind viele Milliarden Dollar aus Brasilien abgeflossen. Das Land ist so gut wie zahlungsunfähig. Die Börse fährt Achterbahn, der „Real", die brasilianische Währung, ist nicht mehr zu halten. Nach Asien und Russland nun Brasilien, das hat gerade noch gefehlt.

Für die Sambatänzer der „União da Ilha" ist ein Traum zerplatzt, für Investoren sind Vermögen zerronnen. Zeitungen lesen die Leute in der Favela nicht. Worte wie Defizit, Moratorium, Wechselkurs sagen ihnen nichts. Die meisten haben noch nie einen Dollar gesehen. Wo die Wall Street liegt, wissen sie nicht. Was das alles bedeutet, ahnen sie nicht. Sie werden es spüren, sehr bald. Das Schicksal hat zugeschlagen, und sie trauern um ihre Prunkwagen.

Ein paar hundert Meter weiter von der Brandstelle hocken die Menschen dichtgedrängt wie auf der Hühnerleiter im eiskalten Wartesaal der Citibank, Rua da Assembléia 100. Der Mann am Schalter soll sie von der „Schwarzen Liste" streichen. Sie haben ihre Raten nicht gezahlt, die Bank hat ihnen Briefe mit immer höheren Forderungen geschickt und droht, die Kreditkarte einzuziehen. Nach Weihnachten ist der Wartesaal immer voll, aber diesmal ganz besonders.

Ja, Weihnachten, das war ein Bombengeschäft, versichern die Händler. Selbst auf der Fifth Avenue in New York sah man sie in Scharen, die Butterflieger aus Brasilien; die „Muambeiros", der Schrecken der Stewardessen. Mit ihren Tragetaschen und Pappkartons hatten sie die Kabinen wie eine Gans gestopft. Als hätten sie geahnt, dass es die letzte Einkaufsreise werden würde.

„Der Kater kommt bestimmt, aber vorher nehmen wir noch einen Schluck aus der Pulle": so war es doch immer schon. Zu Karneval ebenso wie bei den Währungsreformen, die Cruzeiros in Cruzeiros Novos, dann in Cruzados, Cruzados

Novos und schließlich wieder in Cruzeiros verwandelten: ein paar Nullen gestrichen und neue Banknoten gedruckt, fünf Währungen in acht Jahren, und jedesmal hatte die Inflation einen neuen Anlauf genommen.

Das war die Zeit, als die Taxifahrer mit hastig hektografierten Korrekturtabellen hantierten, weil die Taxameter der Teuerung hinterherliefen – so wie in Deutschland 1923. Das war, als die Verkäuferin im Kramladen nichts verstand: Ein Sparschwein wolle der Kunde kaufen? Hören Sie, Senhor, kam der Geschäftsführer hinzu, in Brasilien frisst das Sparschwein sich doch selber auf! Bevor Sie das Sparschwein mit Münzen gemästet haben, hat das Geld doch längst seinen Wert verloren! So etwas führen wir schon seit Jahrzehnten nicht mehr.

Es war eine üble Zeit? – keineswegs für alle. Die Banken verdienten üppig, wer Kapital besaß, strich Zinsen „über Nacht" ein, und selbst die Lohnempfänger konnten damit rechnen, dass ihre Tüte zum Monatsende immer praller wurde, wenn sie auch nicht mehr dafür kaufen konnten. Nun gut, die Armen wurden ärmer, das waren sie gewohnt.

Und dann begann mit dem „Plano Real" eine neue Zeitrechnung.

Der „Plano Real": Als der damalige Finanzminister Fernando Henrique Cardoso im März 1994 damit herauskam, da staunten die Leute so ähnlich wie sie in Deutschland anno 1948 gestaunt haben müssen: Das neue Geld, der „Real" war ja tatsächlich etwas wert, mehr als der Dollar! Die Teuerung sank von 1.000 auf zwei Prozent, auf einmal konnten sich selbst die Armen mehr als schwarze Bohnen mit Reis auf den Teller schaufeln. Da mussten die „Landlosen" mit ihren roten Fahnen gegen den Wind reiten – das interessierte die Brasilianer kaum. Da mochte der Gewerkschaftsführer Luis Inácio „Lula" da Silva wettern wie er wollte – die Arbeiter liefen seiner Arbeiterpartei davon. Der „Real" war besser als jedes Sozialprogramm.

Dieser Erfolg war das Glück für Fernando Henrique Cardoso gewesen; es überraschte niemanden, daß er im Oktober 1994 einen strahlenden Wahlsieg erzielte. Der Präsident trat sein Amt mit einem ambitiösen Reformprogramm an, das ein solides Fundament für den „Real" gießen sollte. Der Akademiker, der die Sklavenhalterei des Kapitalismus in seinen Büchern gegeißelt hatte, bat: „vergesst, was ich geschrieben habe". Nun trat er als Marktwirtschaftler auf. Mit den Linken war seine Politik nicht zu machen, also mußte sich Cardoso andere Verbündete suchen. Und das konnten nur die sein, die von jeher das Land regiert hatten, die Honoratioren, die sich „Liberale" nennen.

Und die Honoratioren schienen mitzumachen. Steuerreform? Natürlich, ganz unbedingt! Die Viehbarone und Sojakönige dachten an ihre Schuldenberge unbezahlter Grund- und Ertragssteuern. Die Bosse der Banken und Industrie, alle unisono: runter mit der Steuerlast! Steuerreform? Sofort! Die Bundesregierung in Brasília solle endlich den Geldhahn aufdrehen, wir können die Gehälter unserer Angestellten nicht mehr zahlen, lamentierten die Bürgermeister und Provinz-Gouverneure, die das Geld längst verpulvert hatten. So hatte Cardoso sie nicht gedacht, die Steuerreform. Doch wer sich mit Hunden einlässt, der kriegt Flöhe. Seine politischen „Freunde" aber ließen nicht locker.

Die Steuermoral lässt zu wünschen übrig? Gewiß, Herr Präsident, aber wenn Sie uns die Schulden nicht erlassen, können wir leider keine Rinder mehr züchten. Wenn wir notleidenden Banken auf den faulen Krediten sitzen bleiben, werden die Sparer revoltieren! Wenn Brasília nicht hilft, müssen wir die Krankenhäuser schließen: Wollen Sie das? Das wollte Cardoso nicht.

Es war schon immer so, daß jeder zweite Centavo, der dem Staat zustand, vor dem Finanzamt versteckt wurde. Steuern zahlen? Darüber kann man sich in den besseren Kreisen nur lustig machen. Wozu gibt es Rechtsanwälte, Vermögensberater und Finanzbeamte, denen frisierte Bilanzen einiges wert sind? Wozu gibt es Gesetze, wenn man sie nicht unterlaufen kann?

Verwaltungsreform! Das stand ganz oben auf dem Programm von Professor-Präsident Cardoso. Denn wie im Amazonas-Regenwald zieht sich eine fein verästelte Nahrungskette vom Vater Staat bis hinunter zu den kleinsten Mikroben der öffentlichen Verwaltung.

Dauernd hatten die Gewerkschaften gegen die Ausbeuterei der staatlichen „Companhia Vale do Rio Doce", kurz „Vale", gestänkert. Die Erzmine ist der weitaus größte Arbeitgeber in Ost-Amazonien. Als Präsident Cardoso sie 1997 privatisieren ließ, hob das Geschrei an. Die „Vale" zu privatisieren, dass hieß einen Baum zu fällen, auf dem Schwärme gut bestallter Schranzen ihr Auskommen hatten.

Allein die Pensionen seiner altgedienten 2,7 Millionen Beamten, die keinen Beitrag in die Kassen zahlen, kosten Vater Staat rund 40 Milliarden Dollar pro Jahr. Ihre Altersbezüge sind mit umgerechnet 1.400 Dollar sieben mal so hoch wie die von Zé José, dem Otto Normalverbraucher. Die Obersten Richter aber erklärten, schon in eigener Sache, dass eine Selbstbeteiligung der Beamten bei ihrer Pension verfassungswidrig sei.

Das Ansinnen des Präsidenten, den Wildwuchs zu kappen, war so vergeblich wie den Dschungel zu lichten – hinter ihm wuchs der Wald wieder zu. Weil er wiedergewählt werden wollte, verschob Cardoso alles auf die zweite Amtszeit.

Im Wahljahr 1998 dachten die Politiker nicht daran, ihre Spendierhosen auszuziehen. Außerdem verschlangen die Personalkosten in den meisten Provinzen – gesetzeswidrig – mehr als 60 Prozent des Haushalts. Mit geringen Zinsen konnten sich die Gouverneure Geld in Brasília leihen. Die Bundesregierung aber musste auf dem internationalen Finanzmarkt für die Kredite hohe Zinsen zahlen. Die Staatsschuld wuchs und wuchs, in den beiden letzten Jahren allein auf das Doppelte, auf schwindelerregende 250 Milliarden Dollar. Alle Sparappelle des Präsidenten verhallten. Selbst die „größte Privatisierungswelle der Welt", die 85 Milliarden Dollar meist ausländischer Investoren nach Brasilien gespült hatte, versickerte zu einem Rinnsal in der Staatskasse.

Vor der extremen Abhängigkeit seines Landes vom Zufluss ausländischen Kapitals hatte Präsident Fernando Henrique Cardoso immer wieder gewarnt, den Bankrott von Mexiko 1994/95 vor Augen. Gleichwohl schlitterte die Regierung in Brasília blindlings in das gleiche Desaster. Als die Asienkrise ausbrach, meinte man, die Kapitalgeber durch immer höhere Zinsen – bis zu 50 Prozent! – zu halten. Aber das erschwerte nur die Schuldenlast.

Alle Wirtschafts-Prognosen wiesen seit Monaten nur in eine Richtung: nach unten. „Und das ist erst die Ouvertüre", hatte schon Paul Krugman, der Ökonom des amerikanischen Massachusetts Institute of Technology (MIT) gewarnt. Brasilien werde in eine „schreckliche Rezession" stolpern, und das bankrotte Land brauche mindestens 200 Milliarden Dollar an Stützungskrediten, um über die erste Runde zu kommen.

In Brasilien aber schönte man das Bild: Lauter Miesmacher, diese Gringos. Brasilien sei ja nicht Russland oder Indonesien. Deutschland allein habe 14 Milliarden Dollar im Lande investiert und sichere 600.000 Arbeitsplätze. Von Audi bis zur Zahnradfabrik Friedrichshafen sind doch alle da und machen gute Geschäfte!

Das ist die eine Seite. Wenn man aber verstehen will, wie Brasilien überlebt, sollte man einen wie Nelson Soares de Oliveira kennen. Der hat noch nie seine Miete pünktlich gezahlt. Das heißt, er zahlt sie ja nicht selber, sondern lässt sie von einem Dritten zahlen, der wiederum Nelson Geld schuldet, und so weiter und so fort. „Empurrar com a barriga", die Probleme „mit dem Bauch vor sich herschieben", nennt man das. Vielleicht ist auch der Besuch einer Eckkneipe, Imbissstube oder Bäckerei ganz informativ: Da sitzt die Kassiererin hinter Glas und kann kaum herausschauen. Die Scheiben sind mit geplatzten Schecks der Kunden verklebt, als handele es sich um Ansichtskarten aus den Ferien.

Die Schlitzohrigkeit gegenüber den Oberen liegt den Brasilianern seit der Sklavenzeit im Blut. Und: „Wer keine Flasche hat, will wenigstens am Glase nippen". Was morgen kommt, weiß man nicht, was gestern war, hat man lieber vergessen. Jeder Brasilianer tauscht den Vorteil des Augenblicks gegen eine bessere Zukunft. Das Grimmsche Märchen vom „Hans im Glück" könnte aus Brasilien stammen. Aber die nordische, protestantische Ethik mit ihrer moralischen Buchhalterei liegt himmelweit weg. „Ich habe nicht verloren", meint ein Kartenspieler, „das Geld hat momentan nur ein anderer".

Zum Jahresende 1998 schrammte Brasilien über den finanziellen Treibsand. Der Real besaß keine Deckung mehr, ihn zu stützen kostete die Brasilianer jeden Tag mehr. Der Internationale Währungsfonds sollte die Kastanien aus dem Feuer holen. Als der Beistandskredit über 41,5 Milliarden Dollar unterschrieben wurde, war er schon Makulatur. Denn das Sparprogramm, das Präsident Cardoso als Gegenleistung versprach, scheiterte schon im ersten Anlauf an den Volksvertretern.

Den Stein ins Rollen brachte aber einer, der die Folgen seiner Worte nicht bedachte. Itamar Franco, 69. Man lästert über die Tapsigkeit des Mannes, der durch die Laune des Schicksals zwei Jahre lang (von 1992 bis 1994) Präsident Brasiliens spielen durfte und ab 1999 als Gouverneur seiner heimatlichen Bergbauprovinz Minas Gerais amtiert.

Itamar Franco: wer kannte ihn schon? Erst als der Kongreß 1992 den korrupten Präsidenten Fernando Collor abgesetzt hatte, trat der linkische Provinzler ins Rampenlicht, denn er war ja der Vize und musste nun die Geschäfte weiterführen. Das tat der frühere Ingenieur und Senator nach Lust und Laune. Er schaffte es doch tatsächlich, die Herren von VW mit Steuergeschenken zu überreden, den alten „Käfer" wieder auf das Band zu heben. Itamars junge Freundin hatte ihren Käfer zu Schrott gefahren. Im Karneval von Rio sah man Itamar an der Seite eines Flittchens ohne Slip; genauso wie seine platonische Dauerromance, die ihn als sprachunkundigen Diplomaten nach Washington trieb: war das ein gefundenes Fressen für die Klatschspalten!

Der Biedermann als Brandstifter: Itamar Franco hat sich kaum vorstellen können, welche Folgen seine Erklärung haben werde, die Schulden seines Heimatstaates Minas Gerais vorerst nicht zu bezahlen. Sein Offenbarungseid ließ die Gläubiger Brasiliens in Panik geraten. Wenn nun alle Gouverneure der 27 Bundesstaaten, viele davon weit höher verschuldet als Minas Gerais, dem schlechten Beispiel folgen würden?

Auch ohne den tolpatschigen Itamar Franco wäre die brasilianische Bombe geplatzt. So gut wie alle politisch Verantwortlichen in Brasilien haben so getan, als gäbe es keine Krise. Sie ließen den Präsidenten im Stich, der an seine guten Argumente geglaubt hatte, statt auf den Tisch zu hauen.

Das ist nun schon Geschichte, und die wird in Brasilien so schnell vergessen wie die Blamage beim Endspiel der Fußballweltmeisterschaft 1998 in Paris. „Wir sind alle ärmer geworden", titeln die Blätter, als wäre das ganz normal. Von Sparplänen wollen die Politiker auch nach dem Absturz des „Real" nichts wissen. Brasilien steht jetzt auf der Schwarzen Liste, na und?

„Sempre dá um jeito" – es gibt immer einen Ausweg, nichts ist unmöglich. Der Beruf der Brasilianers ist die Hoffnung, und: „Wer keine Hunde hat, jagt mit den Katzen!" Die Fans der Sambaschule „União da Ilha" haben sich nicht unterkriegen lassen, auch nicht, als nach der Feuersbrunst noch ein Unwetter das Kostümlager überschwemmt hatte. Sie haben Tag und Nacht den Schaden repariert und sind unter dem Applaus der Menge durch das Sambodrom getanzt.

Brasil bleibt doch Brasil

Sie hocken in ihren Hütten am Straßenrand und verkaufen den Touristen Muschelketten, die mit Nylonfäden verknotet sind und Federschmuck, der mit Chemiefarben gefärbt wurde. Die letzten Mohikaner, die letzten Pataxós, längst keine edlen Wilden mehr, sondern Brüder und Schwestern der Favela-Bewohner, die neben ihnen Bier und Zigaretten anbieten: just an der Stelle bei Porto Seguro, wo anno 1500 Brasilien „entdeckt" wurde.

Zu diesem Zeitpunkt, so schätzt man, hatten etwa 5 Millionen Indianer auf den brasilianischen Territorium weit verstreut gelebt, umherziehend in der Savanne, ähnlich wie in Nordamerika, oder sesshaft in kleinen Gemeinschaften tief im Amazonaswald. Anders als die Andenvölker wie die Inkas (Peru/Bolivien) oder die Mapuche (Argentinien/Chile), die den Spaniern bittere Schlachten lieferten, blieben die Steppen- und Waldindianer hilflos der Aggression der europäischen Eroberer ausgesetzt.

Die weißen Segel der bärtigen Eroberer tauchten gegen Ende des 15. Jahrhunderts vor den Küsten auf. Es waren spanische Karavellen und portugiesische Brigantinen, die Schiffe der damaligen Supermächte. Spanien und Portugal hatten 1494 im Vertrag von Tordesillas mit päpstlichem Segen die Welt unter sich aufgeteilt. Columbus hatte „Westindien" oder vielleicht sogar das sagenhafte Goldland „El Dorado" entdeckt. Die Portugiesen wollten gleichziehen. Ein Bericht des Admiral Pedro Álvares Cabral an den Hof verzeichnet den historischen Augenblick von Brasiliens Entdeckung: „(...) Mittwoch (22.April) sahen wir Vögel, die sie Seemöwen nennen. In den Abendstunden desselben Tages war Land in Sicht. Zuerst sahen wir einen großen Berg, hoch und rund; darauf erblickten wir südlich von ihm niedrige Gebirgsrücken und flaches Land mit großen Wäldern (...). Am Morgen setzten wir Segel und fuhren auf das Land zu (...). Von Bord aus konnten wir Menschen am Strand erkennen (...). Braun und nackt, ohne irgendwie die Schamteile zu verdecken, hielten sie in den Händen Bogen und Pfeile. Sie liefen geradewegs auf das Boot zu."

Nördlich des Monte Pascoal (Osterberg) gingen die Portugiesen in einer sicheren Bucht (Porto Seguro) an Land, nahmen es für die Krone in Besitz, lasen eine Messe, errichteten ein Kreuz und tauften das Land auf den Namen Terra Vera Cruz, Land des wahren Kreuzes. Gold fand man nicht. Alles was die Indianer den immer häufiger eintreffenden portugiesischen Seebären anboten, waren bunte Federn, Tabak, Körbe und junge Mädchen. Den frommen Bordpriestern blieb nichts anderes übrig, als die wilden Heiden zu taufen, wenngleich sie, wie Padre Anchieta mitteilt, die abscheuliche Angewohnheit hatten, täglich zu baden. Die stinkenden, bärtigen Seebären erkundeten nach und nach die gesamte Küste bis hinunter zum Rio de la Plata. Doch in Lissabon wusste man nicht so recht, was man mit diesem Land der Wilden und Menschenfresser anstellen sollte. Das einzige, was das neue entdeckte Land lieferte, war rotes Färbeholz, pau brasil, und danach nannte man es. Wären nicht französische Schiffe aufgetaucht, um eine Kolonie zu gründen („ La France antarctique)", hätte man Brasilien einfach längs liegen gelassen. So erhielten nun zweitklassige Adelsfamilien aus Portugal das Land zum Leben. Die „Capitanías" wurden abgesteckt, und mit Hilfe indianischer Sklaven schlugen die Portugiesen erste Breschen in den Dschungel. São Salvador de Todos os Santos (Salvador da Bahia) wurde wegen seiner strategischen Lage und seines guten Hafens in der Bucht als Verwaltungshauptstadt auserkoren.

Die lange Küstenlinie ließ sich aber von dem Häuflein portugiesischer Abenteurer selbst nicht mit Hilfe der Indianer wirksam gegen die Angriffe französischer und holländischer Freibeuter verteidigen. Die Holländer setzten sich für zwei Jahrzehnte in Pernambuco und die Franzosen eine Zeitlang in Rio de Janeiro und São Luis fest. Sie führten das Zuckerrohr nach Brasilien ein und verschafften so der Kolonie erstmals eine tragfähige ökonomische Grundlage. Mit der Sklaverei auf den Zucker-Plantagen beginnt die eigentliche Geschichte Brasiliens.

„Jeder Brasilianer, auch der hellhäutige und blondhaarige, trägt auf der Seele und oft auch auf seinem Körper das Mischlingsmal seiner Abstammung vom Indianer oder Neger", schrieb der Soziologe Gilberto Freyre 1933 in seinem grundlegenden Werk „Herrenhaus und Sklavenhütte" der brasilianischen Gesellschaft ins Stammbuch und schockierte damit die sogenannte gute Gesellschaft, aus der er selber stammte.

Fast 7 Millionen Menschen wurden im Lauf der Jahrhunderte aus Afrika nach Brasilien verschleppt. Die Hälfte überlebte die mörderische Passage über den Atlantik nicht, sie fiel den Haien zum Fraß. In Brasilien kam die Menschenfracht auf den Sklavenmarkt - die kräftigsten Männer schickte man auf die Plantagen, die schönsten Frauen ins Bett der weißen Zuckerbarone.

Nur die wenigsten Sklavinnen genossen das trügerische Privileg, Hausklavin zu sein und Mätresse des Herren. Die meisten Sklaven schufteten auf den Plantagen (und später in den Minen) und waren nach kurzer Zeit körperlich gebrochen. Sie hausten in Elendsquartieren, die enger waren als die Kojen der Rennpferde des Gutsherren. Zwei von drei Sklavenkindern starben innerhalb der ersten acht Jahre ihres Lebens. Folterung, Fesselung und Hunger waren die Mittel, mit den Sklaven fertig zu werden. In ihrer stummen Verzweiflung versuchten viele von ihnen, durch Flucht (in Quilombos, Fluchtburgen entlaufener Sklaven), Drogen oder Selbstmord der Sklaverei zu entkommen. Die Überlebenden entwickelten ihre eigene Kultur des Widerstandes. Sich dumm zu stellen und nur das Allernötigste zu tun, war zum Überleben wichtig. Ihre alten afrikanischen Traditionen, die Musik, die Sprache, die Tänze und Götter, die sie als unsichtbares Gut aus Afrika mitgenommen hatten, wurden ihre seelischen Rettungsinseln. In den Mocambos (Sklavenquartieren) blühte eine afrikanische Subkultur, die den weißen Herren verschlossen blieb.

Nicht auf den Plantagen von Pernambuco und Bahia wuchs der Widerstand gegen die Kolonialbeamten, die jede eigenständige Entwicklung in Brasilien verboten, sondern in den Bergen von Minas Gerais. In dieser abgelegenen Provinz fand man endlich, wonach man Jahrhunderte gesucht hatte: Gold. Die Finanzbeamten aus Lissabon betrachteten die Minen als ihre private Schatulle. Im Jahre 1789 kam es darüber zu einem ersten Konflikt mit den in Brasilien einheimischen Portugiesen. Doch erst Napoleon verhalf Brasilien zur Unabhängigkeit. Vor seinen Armeen flüchtete der gesamte Hofstaat von Lissabon auf englischen Schiffen nach Rio de Janeiro.

Als Napoleon schließlich beseitigt und nach St. Helena verbannt worden war, kehrte König João VI. an den Tejo zurück, nur seinen Sohn ließ er zurück in der tropischen Kolonie. Von den Brasilianern gedrängt und vor die Alternative Monarchie oder Revolution gestellt, schwang sich Pedro I. auf seinen Schimmel, zückte im Kreise seiner Adjudanten den Säbel und schrie: „Pátria ou Morte!" – das war der „Schrei von Ipiranga" (bei São Paulo) und die Unabhängigkeitserklärung Brasiliens aus dem Munde des portugiesischen Thronfolgers. Jetzt war er König Brasiliens – und später sogar Kaiser. In keinem anderen südamerikanischen Land verlief die Absetzung vom Mutterland so unblutig wie in Brasilien. Doch erst der Sohn des Thronfolgers, Pedro II., schuf die Grundlagen für einen souveränen Staat, einen Hofstaat wohlgemerkt. Der aufgeklärte Kaiser Pedro II. hat sich des öfteren über das lästige Zeremoniell mokiert – er mochte lieber die Natur erforschen als das Protokoll über sich ergehen lassen, das etwa beim Marineball beim Arsenal gefeiert wurde: Siebenhundert elektrische Lampen und zehntausend venezianische Leuchter tauchten die Insel in sphärisches Licht. An den Kais von Rio de Janeiro drängte sich der Pöbel, um das Defilee der 5.000 vornehmen Gäste zu begaffen, die sich hinübersetzen ließen – schildern die Gazetten. Seit den frühen Morgenstunden waren die Damen der Gesellschaft mit ihrer Toilette beschäftigt. Schneider, Coiffeure und Juweliere hatten alle Hände voll zu tun. Dienstboten, Hausdiener und Gouvernanten hasteten geschäftig von den Modehäusern zu den Adelspalästen und zurück.

Gegen zehn Uhr abends traf der Kaiser ein. Seine Majestät Pedro II. wurde begleitet von der Kaiserin Teresa Cristina, Prinz Dom Pedro Augusto, Prinzessin Isabel und dem Grafen d`Eu. Zahlreiche Hochs wurden auf den Herrscher und seine Familie ausgebracht. Der greise Kaiser nahm sie huldvoll entgegen. Seine Gegenwart war ihm nahegelegt worden, alle Gerüchte von einer Krise der Monarchie zu widerlegen. Die Tafel im jüngst errichteten Palast auf der Zollinsel war mit Orchideen, Pfauenfedern und Zuckerschlössern festlich geschmückt. Das Beste vom Besten hatten die kaiserlichen Küchenmeister aufgetischt. Fünfhundert Puter, 64 Fasane, 800 Kilo Langusten, 300 ganze Schinken, 1300 Hühner, 800 Portionen Trüffel und 12.000 Becher Eis, 10.000 Liter Bier und 1350 Flaschen Champagner verzeichnen die Chronisten staunend. Dem Mahl folgte ein rauschender Ball mit Walzern, Polkas und Mazurken. Alles, was Rang und Namen hatte, feierte ausgelassen bis zum Morgen. Ein solches Fest hatte Rio de Janeiro noch nie gesehen; es sollte das letzte im kaiserlichen Brasilien sein. Eine Woche später, am 15. November 1889, erzwangen ehrgeizige Offiziere und heimliche Republikaner die Abdankung des Kaisers, die Verbannung der Herrscherfamilie und die Ausrufung der Republik.

Fast fünf Jahrzehnte lang hatte Pedro II. das tropische Reich regiert, hatte Forscher und Kolonisatoren ins Land geholt, Häfen geöffnet und Schulen errichtet, Eisenbahnen gebaut und die Künste gefördert – und sogar die Sklaverei abgeschafft. Das aber ging dem Landadel und den Plantagenbesitzern entschieden zu weit. Die Großgrundbesitzer verbündeten sich mit den gekränkten Generälen gegen die Monarchie, denen der alte Herr im Kaiserpalast höhere Pensionen halsstarrig verweigerte. Intrigen am Hofe, Ungeschicklichkeiten der Kaisertochter und das wachsende Desinteresse des Monarchen an den Regierungsgeschäften boten günstige Anlässe für einen Putsch, den der Marschall Deodoro da Fonseca anführte. Ohne Blutvergießen ergab sich das Leibregiment des Kaisers, und sogleich wurde die Republik proklamiert, deren Wahlspruch „Ordem e Progresso" – „Ordnung und Fortschritt" – bis heute die brasilianische Flagge ziert. Doch anfangs herrschten alles andere als Ordnung und Fortschritt. Militär- und Zivilkabinette lösten einander in rascher Folge ab. Trotz der republikanischen Verfassung blieb Brasilien noch lange ein feudaler Agrarstaat, der kaum der Sklavenhaltergesellschaft entwachsen war. Die Hälfte der Bevölkerung waren Nachkommen afrikanischer Sklaven; sie bildeten das ländliche und städtische Proletariat, den Bodensatz der Gesellschaft. Die weiße Herrschaft blieb unter sich und hielt sich den Pöbel mit Gesetzen und der Polizei vom Halse. Der „Herr Doktor", der „Herr Oberst" und der „Herr

Pfarrer" wachten über die gottgegebene Ordnung mit der Peitsche in der Hand. Politische Rechte besaßen nur Vermögende. Das änderte sich erst in den dreißiger Jahren dieses Jahrhunderts. Die Weltwirtschaftskrise zwang Brasilien dazu, seine Kaffee-Überschüsse zu verbrennen und den eigenen Binnenmarkt zu entwickeln. Getúlio Vargas, der Perón von Brasilien, erkannte, dass sich die traditionellen Eliten einer neuen Herausforderung stellen mussten – der Industrialisierung des Landes und dem damit verbundenen Wachstum der Städte und der Arbeiterschaft. Rio de Janeiro, die alte Kaiserresidenz, wurde von der dynamischen Fabrikstadt São Paulo abgehängt. Vargas versuchte, die Arbeiter und ihre Organisationen an den Staat zu binden, „aber die Hornochsen der politischen Klasse verstehen nicht, dass ich es auch für sie tue", soll Vargas über die konservativen Senatoren und Generäle geklagt haben, die ihn immer heftiger als verkappten Kommunisten attackierten und ihn schließlich zum Selbstmord trieben. Daraufhin ging das Volk auf die Straße und verhinderte – vorerst – einen Militärputsch. Juscelino Kubitschek setzte das Werk von Vargas fort, stampfte die neue Hauptstadt Brasília aus dem Boden und öffnete die Wirtschaft für ausländisches Kapital. Aber auf Forderungen nach mehr sozialer Gerechtigkeit reagierten die neureichen Unternehmer und die alten Grundherren wie gewohnt mit dem Knüppel. 1964 riefen sie die Truppen zur Hilfe, um sozialen Experimenten ein Ende zu bereiten.

21 Jahre lang herrschten die Militärs in Brasilien wie auf dem Kasernenhof. Die Parlamentarier wurden in bezahlten Urlaub geschickt, der Kongress geschlossen. Zensur und Folter sorgten für Friedhofsruhe im Land. Einem Blutrausch wie in Chile oder Argentinien erlagen die Generäle gottlob nicht. Sie setzten ihre Energie stattdessen für Großmachtträume ein, schlugen Pisten quer durch den Dschungel, planierten Flugplätze und zogen Fernmeldelinien über das Land. Ausländische Banken waren gern bereit, dafür großzügige Kredite zu gewähren. Die Bundesrepublik Deutschland versprach, zwölf Atomkraftwerke zu bauen. Brasiliens Schuldenberg wuchs – aber sein Straßennetz auch. Dass eine moderne Gesellschaft neben der materiellen Infrastruktur auch einer ideellen und institutionellen bedarf, also eine neue politische Kultur entwickeln muss, hatte keinen Platz in den Kommissköpfen der Befehlshaber. Erst Präsident-General Ernesto Geisel versuchte, einen vorsichtigen Kurs der Öffnung zu steuern. Dass sich die Militärs nach zunehmender Misswirtschaft und wachsender Inflation 1984 schließlich doch in die Kasernen zurückzogen, lag zum großen Teil an den Protesten der Arbeiter von São Paulo. Ihre Organisationen bereiteten den Boden für einen Wechsel in die Demokratie. Die

meisten Politiker, die während vieler Jahre einen komfortablen Winterschlaf gehalten hatten, sprangen auf den Zug und lenkten ihn erst einmal auf ein totes Gleis; sie lehnten nämlich die Direktwahl des neuen Präsidenten durch das Volk ab. So kam nach dem überraschenden Tod des designierten Staatschefs Tancredo Neves José Sarney ins Amt und in den Palácio do Planalto von Brasília.

Fünf Jahre lang regierte José Sarney die inzwischen achtgrößte Industrienation des Westens wie seine Fazenda daheim in der Provinz Maranhão. Vetternwirtschaft und Korruption nahmen nie gekannte Ausmaße an. Der pathetische Aufbruch in die Demokratie, in eine „Nova República" blieb im Sumpf stekken; keine neue Republik, sondern die alte Spezi-Herrschaft. Wie der Präsident hielten auch seine Vertreter Hof bei ihren Auftritten vor dem Volk und auf dem Lande.

Das Kongressgebäude von Brasília ist wahrscheinlich das schönste Parlament der Welt – aber in seinen Sälen werden hohle Reden gedroschen. Brasiliens Parlamentarier denken zuerst einmal an sich selbst, an ihre Diäten, ihre Dienstwagen, Freiflugscheine, Sitzungsgelder – und an das Dutzend Freunde und Familienangehörige, die sie auf Staatskosten als politische Berater einstellen dürfen. Vor allem aber haben sie die Fleischtöpfe der Regierung im Auge. Wenn es ihnen gelingt, einen großen Teil des Budgets in ihren Wahlbezirk zu schleusen, größere Behörden, also viele Planstellen, für Wahlhelfer und Verwandte unter ihren Einfluss zu bringen, dann haben sie das Wichtigste zustande gebracht, wozu ein brasilianischer Volksvertreter ausgezogen ist: Macht und Einfluss, Geld und Sicherheit für sich und seinen Clan zu ergattern. Diese partikulären Interessen werden hinter dem verbalen Bombast patriotischer Reden vernebelt; auch die Parteizugehörigkeit spielt keine Rolle: man wechselt sie wie die Kleider, manchmal mehrfach innerhalb einer Legislaturperiode. „Man muss die Dinge ändern, damit sie die gleichen bleiben" – den Wahlspruch des Fürsten Fabrizio aus Tomaso de Lampedusas Novelle „Der Leopard" beherzigen die brasilianischen Honoratioren und halten bombastische Reden.

Brasilien hat heute über 160 Millionen Einwohner, zwei Drittel von ihnen leben in Städten und Kleinstädten. Fernsehen und Radio erreichen jeden Winkel des Landes, Straßen führen tief ins Amazonasgebiet hinein. Die Nation ist zusammengewachsen. Aber die sozialen Kontraste und die alten Übel sind geblieben.

Urlaubskrokodile

„Mama kommt gleich!" krächzt der Küchen-Papagei und reißt mich unsanft aus Morpheus Armen und aus denen von Clarissa, die neben mir in der Hängematte schlummert. Aber Mama kommt nicht, denn sie hat leichtsinnigerweise ihre hübsche Tochter auf der „Fazenda Santa Clara" zurückgelassen und ist mit den anderen Gästen zum Angeln gefahren. Ob der blöde Papagei überhaupt weiß, was er da sagt? Er soll den Schnabel halten und nicht die Siesta stören, die Stunde unverdienten Glücks unter den Mangobäumen.

„Max" und „Moritz", zwei junge Wasserschweine, dösen unter der Holzbank vor sich hin. „Héctor", der gescheckte Welpe, räkelt sich an ihrer Seite im Staub. Vorhin hatte er noch mit den beiden Wollhandaffen gestritten, die sich zur Mittagsrast in die Baumkrone zurückgezogen haben. „Mário", der Tukan vom Dienst, sitzt auf seiner Stange und jedesmal, wenn ihn der Schlaf übermannt, droht ihn sein mächtiger gelber Schnabel nach vorne zu ziehen und aus dem Gleichgewicht zu werfen. Er mag es gar nicht, wenn man ihn wegen seiner großen Klappe verspottet, dann kommt er angehinkt und beginnt an Knöpfen und Kragen zu knabbern. Die beiden Araras – der eine mit blauem, der andere mit rotem Gefieder – pflegen solche Unarten nicht, sie beschränken sich auf schräge Blicke herab vom hohen Ross, einem alten Wagenrad, auf dem sie einträchtig nebeneinander hocken.

Die Palmwedel knistern im Wind. Friedlich grasen Pferde und Rinder. Das Hühnervolk scharrt eifrig auf dem Küchenhof, wo die blank gescheuerten Kessel auf Pfählen in der Sonne trocknen und die Wäsche lustig auf der Leine flattert. Enten und Gänse zählen ebenso zum Federvieh der Farm wie die aufgeplusterten Truthähne, die als eitle Potentaten auf dem Hof hin und herschreiten, die schmutzigen Ferkel missachtend.

Wenn Maria, die Köchin, Papaya-Schalen und Fischköpfe auf den Abfall wirft, rennen Hühner, Schweine und Wasserschweine um die Wette durcheinander, und die Hähne recken ihre Hälse, um die frohe Botschaft den Hennen zuzukrähen. Die Zweibeiner der „Fazenda Santa Clara" erfahren durch einen Gong, dass der Tisch gedeckt ist.

Man bedient sich selber aus den Schüsseln, die mit Fisch und Fleisch, Reis und Bohnen gefüllt sind, und tafelt an blank gescheuerten Tischen: Mister Lho Doo-Hwan, der drahtige Koreaner aus Los Angeles, neben dem deutschen Lehrerehepaar, dem amerikanischen Bauunternehmer, der französischen Arztfamilie und, natürlich, Clarissa mit ihrer Mama aus São Paulo. Tochter und Mutter suchen am Busen der Natur das Öko-Feeling, dass sie im Straßenverkehr von São Paulo auch während der Ampelpausen nicht finden; der Koreaner entwirft Pläne von zehnstöckigen Rinderfarmen. Die Europäer wollen davon nichts wissen; sie verzichten auch heroisch auf die Mückensalbe. Jeder Stich wird als Souvenir mit nach Hause genommen.

Zwei Dutzend Besucher können auf der Rinderfarm in bequemen Bungalows untergebracht werden. Ausländer stellen die Mehrzahl der Feriengäste, die für ein paar Tage die ländliche Idylle genießen wollen. „Ferien auf dem Bauernhof" einmal anders. Denn die „Fazenda Santa Clara" liegt mitten im „Pantanal", dem Sumpf im Herzen Südamerikas, weitab von Telefon und -fax und dem Lärm der Städte. Nur mit dem „Teco-Teco"-Buschflugzeug oder geländegängigen Fahrzeugen ist die Farm aus der nächsten Provinzstadt, Corumbá, zu erreichen.

Während der Regenzeit ist kein Durchkommen mehr, der Außenborder muss den Jeep ersetzen. Wie auf einer Hallig steht dann der Gutshof in einem Meer aus Wasserhyazinthen, Schilf und Schlamm. Die beste Reisezeit ist von Mai bis September, wenn das Wasser über den Rio Taquari, den Rio Miranda und über die vielen anderen tausend Adern zum Rio Paraguai abgeflossen ist und die Moskitoschwärme längst vergessen sind.

Dona Hortênsia Rolon Aguilar gehört zu jenen Damen, die den Besen in die Hand nehmen und sich dabei keinen Stein aus der Krone brechen. Sie ist die Gutsherrin von Santa Clara und die Vorgesetze von dreißig Männern und Frauen aus drei Familien, die die Rinderfarm bewirtschaften. Auf die Idee, den ererbten Hof als Gastbetrieb zu führen, kam sie, als die Debatte über den Umweltschutz in Brasilien begann und die ersten Öko-Touristen in das Pantanal zogen. Der größte Süßwassersumpf der Erde war bis dahin nur den brasilianischen Rinderfarmern, Krokodiljägern, Wilddieben und Goldsuchern bekannt – und wohl auch einigen Vogelforschern.

Öko-Tourismus ist nicht immer lustig; selbst Naturschwärmer bestehen auf einem Minimum an Komfort. Brasilianische Touristen ziehen sogar lieber gleich das Fünf-Sterne-Hotel für den Urlaub vor; selbst ausgebuffte europäische Öko-Touristen wollen die Nächte nicht fröstelnd in Hängematten verbringen; sie verlangen außerdem nach „Angeboten". So trommelt denn auch Ambrósio, der pechschwarze Knecht, seine Schäfchen zusammen und führt die lärmende Schar durch die Rinderweide hinunter zum Rio Abrobal, wo zwei zur Farm gehörende Boote geentert werden. Einige Flussbiegungen weiter döst das erste Krokodil im Ufersand – und dann sind es so viele, dass man längst aufhört, sie zu zählen. „Jacaré-de-papo-amarelo", „Jacaré-comum" und „Jacaré-açu" sind drei verschiedene Kaimane, die im Pantanal anzutreffen sind.

Die einen werden nicht länger als armlang, die anderen können ausgewachsen drei Meter erreichen. Vollgefressen sind die scheuen Ungetüme so friedlich, dass Madenhacker und Grasmücken auf ihrem Panzer herumhüpfen oder ihnen im aufgesperrten Maul die Zähne putzen. Fährt das Boot zu nahe an die Echsen heran, schrecken sie aus ihrer Lethargie auf und gleiten wütend ins gurgelnde Wasser. Das Baden ist hier nicht verboten, aber vielleicht auch nicht empfehlenswert. Sonst könnte sich jene Begegnung wiederholen, die einem deutschen Naturtouristen beschieden war, der mit seiner Luftmatratze gegen einen Krokodilsrachen stieß. Die Luftmatratze blieb dabei auf der Strecke.

In den mächtigen Baumkronen der Galeriewälder, die sich im Wasser spiegeln, kreucht und fleucht, flattert und huscht es von Ast zu Ast. Dem Boot eilt die Buschtrommel der Brüllaffen voraus. Vogelschwärme kreischen Alarm. Wendehälse recken sich ängstlich in die Luft. Plumpe Wasserschweine flüchten in das dichte Unterholz. Haubentaucher, Silberreiher, Fischadler, Eisvögel, Rohrdommeln, Wildenten, Perlhühner, Papageien, Schwarzreiher, Marabus und Regenpfeifer streichen ab oder fallen in großen Schwärmen ins Schilf. Die Sonne steht als rote Scheibe im Abendnebel, und die Vögel suchen ihre Schlafplätze auf.

Der Pantanal ist das größte Naturschutzgebiet Südamerikas. Wie ein großer Schwamm sorgt der Pantanal dafür, dass die Wassermassen aus dem Norden von Mato Grosso, dem Tiefland von Bolivien und dem Chaco Paraguays aufgefangen werden und kontinuierlich nach Süden ablaufen. Gäbe es diesen Wasserspeicher nicht, würden die Städte am Unterlauf des großen zentralen Flussystems, würde Buenos Aires von periodischen Überschwemmungen heimgesucht werden. Schwere Schäden verursacht der Mensch in diesem Feuchtbiotop. Goldsucher verseuchen die Flüsse mit Quecksilber, Wilderer knallen Krokodile ab, deren Haut sie nach Paraguay schmuggeln; Viehzüchter brennen Waldgebiete nieder, um Platz für ihre Rinderherden zu schaffen. Vor Jahren wollte die brasilianische Bundesregierung quer durch den Pantanal eine Fernstraße bauen; glücklicherweise ist dieser Plan an Geldmangel und ökologischer Einsicht gescheitert. Die Natur zu erhalten, ist ökonomisch sinnvoller, als sie zu zerstören.

„Mama kommt gleich!" Der Küchen-Papagei warnt diesmal leider zu Recht. Die Mama ist vom Angeln zurückgekommen, Clarissa trollt sich davon. Mit der Mama ist nicht zu spaßen; sie hat zwei Piranhas gefangen. Und der dynamische Koreaner natürlich gleich fünf. Heute abend werden sie gebraten. Morgen früh krähen die Hähne, und die Papageien beginnen ihr Geplapper in den Palmkronen. Der Jeep bringt uns zurück nach Corumbá; an den Marabus vorbei, die an gestrenge Oberlehrer erinnern, so wie sie durch die Sümpfe staken.

Das Lied des Araguaia

Runzlig wie eine Greisenhaut erscheint aus 6000 Fuß Höhe die Steppe, die eine rostbraune Tätowierung aus geraden Pisten und krummen Wegen trägt. Je weiter wir nach Norden fliegen, desto stärker verblasst das menschliche Gekritzel, und immer häufiger blitzen feine Wasseradern in der Morgensonne auf. Mário, der Pilot der einmotorigen Piper, hält die Karte auf den Knien. Ein fetter Bleistiftstrich läuft quer über das Blatt, von Goiás bis nach Matto Grosso, vom Planalto bis an den oberen Rio Araguaia.

Strauchdiebe und Abenteurer waren vor dreihundert Jahren dieser Richtung auf quietschenden Ochsenkarren gefolgt und durch das Bergland bis zum Amazonas vorgedrungen. Sie jagten Sklaven unter den Buschindianern oder suchten nach Gold im Rio Vermelho, der durch das Städtchen Goiás schlängelt und in den Araguaia fließt.

Zerronnen und verraucht. Katzenköpfe, krumme Gassen, schiefe Mauern, ein halbes Dutzend frommer Kapellen und eine Praça, die von schattigen Mangobäumen und dem wurmstichigen Gouverneurspalast eingerahmt wird, mehr ist vom Goldrausch nicht geblieben. Goiás, wo das Leben den Gang des Esels geht. Hausgemachtes Guavengelee, Karamelbonbons und Kekse bietet man den Reisenden an; aber wer kommt schon hierher?

Nur wenige verirren sich in das schiefe Eckhaus an der Brücke, das eine bronzene Tafel trägt: Hier schrieb die hochbetagte Witwe Cora Coralina Verse, wie sie Plätzchen buk.

Wir haben Kaiser-Bier gebunkert und für drei Flugstunden Kerosin getankt. Der Rio Araguaia zeigt sich im Westen als silberhelles, ausgefranstes Band. 3.526 Kilometer legt der Klarwasserfluss von seinen Quellen in der Serra do Caiapós bis zur Mündung in den Amazonas zurück. „Ber-ô-can", großer Fluß, nannten die Tupi-Indianer den Strom, doch die Weißgesichter erniedrigten ihn zum „Papageienfluß". Werden wir Papageien sehen und wilde Indianer? Mario grinst verlegen und schaut auf die Uhr.

Der Höhen-Zeiger kreist, wir sinken. Jetzt sind dort unten schon Rinder groß wie Blattläuse auszumachen. Der Rio Aragaia wächst in die Breite, der Schatten der Maschine huscht über seine kakibraune Wasserfläche, hüpft über die Sandbänke hinweg, holpert durch die Büsche, die Schotterpiste schießt heran, der Vogel rumpelt in einer Staubfahne vorwärts und kommt vor einer Baracke zum Stehen.

Nicht einmal der Motorlärm unserer Piper vermochte den Mittagsschlaf von São Félix do Araguaia zu unterbrechen. Die niedrigen Hütten ducken sich unter der Sonnenglut, im Schatten der Mauern dösen die Köter. Auf der Fluss-promenade lungern betrunkene Karajá-Indianer. Das andere Ufer des Araguaia ist nur als dünner Lidstrich auszumachen. Dort drüben muß Santa Isabel do Morro liegen, das größte Indianer-Dorf der Region. Iwaruru-Karajá, ein Mus-kel-Mann in Polohemd und Badehose, stellt sich als Kazike, als Häuptling vor, er könne uns hinüberbringen, nur dürfe der Indianerschutzdienst FUNAI da-von nichts wissen.

„Merda, meine Frau schaltet den Fernseher nie aus!", schimpft der Kazike. In seiner Hütte brummt der Apparat, denn der Dorf-Generator ist endlich ange-sprungen; wir stehen vor verschlossener Tür, die erste Halbzeit hat längst be-gonnen. Endlich findet sich der Schlüssel. Die gute Stube des Häuptlings zie-ren zwei Möbelstücke: das Sofa und die Schrankwand mit den Pokalen der Dorfmannschaft, den Videokassetten und dem Fernseher, um den sich so-gleich die Sippschaft drängt. „Ronaldo!" brüllen die Karajá, und endlich: „Goool!"

Die Weißgesichter von São Félix jubeln natürlich auch. Schlagersänger Rober-to Carlos plärrt in den Sonnenuntergang, auf dem Grill knistern die Spieße. Der Bürgermeister hat ein Stromkabel zur Sandbank legen lassen. Die versor-gen Lautsprecher, Glühbirngirlanden und Tiefkühltruhen voller Bier. In Má-rios Bude liegt das Festmahl auf dem Rückenpanzer und rudert hilflos durch die Luft. Der Koch biegt den faltigen Schildkrötenhals über den Panzerkragen und schlägt mit dem Hammer zu. Das halbtote Tier schiebt er wie eine Pizza seelenruhig in die Ofenröhre.

„Die Schildkröten sind geschützt, aber die Indianer essen sie doch auch!" Dou-tor Waldir will sich amüsieren; er ist 500 Kilometer aus Xinguara herüberge-kommen, um ein paar Tage Urlaub von Knochenbrüchen, Schussverletzungen und Kaiserschnitten zu nehmen. Jetzt macht sich der Dicke mit seinen leich-ten Mädels über die dampfende Echse her. Mit dem Haumesser hebt er den Bauchpanzer wie einen Deckel vom Topf. Die Innereien des Tieres schmoren in ihrer eigenen Suppenschüssel. Um Mitternacht fängt die Forró-Band an zu hämmern. Im Morgengrauen fahren die Letzten nach Hause.

Leise streichelt die Morgenbrise die Araguaia-Silberhaut. Lautlos gleitet im Uferschatten ein Kanu vorüber. In der Hütte klappert Tereza mit ihren Töp-fen, der Duft von frischem Kaffee geht durch die Nase. Die Hängematte ist zwischen den Pfeilern der Pousada Kuryuala gespannt. Sportfischer und Vo-gelkundler lassen sich während der trockenen Wintermonate aus São Paulo und Brasília einfliegen und verbringen ein paar Tage am Wasser. Nicht einmal siebzig Jahre ist es her, da vermutete man in dieser Gegend noch das untergan-gene Atlantis.

„Dass im Innern von Mato Grosso die Städte einer versunkenen Hochkultur liegen, die älter als die Ägyptens ist, daran besteht kein Zweifel". Oberst P.H. Fawcett, ein britischer Kolonialoffizier vom Scheitel bis zur Spore, in Ceylon gedient, an der Westfront mit Tapferkeitsmedaillen ausgezeichnet, Mitglied der Royal Geographical Society, war entschlossen, das letzte Rätsel der Menschheit zu lösen. Zwischen Xingu und Araguaia, 10 bis 15 Grad südlicher Breite und 50 bis 55 Grad westlicher Länge, seien die rätselhaften Ruinen zu suchen. Oberst Fawcett brach im Sommer 1925 in die Wildnis auf und kehrte nie wieder zurück.

Noch vor fünfzig Jahren war Zentralbrasilien ein weißer Fleck auf der Landkarte. Den Lauf der Flüsse konnte man nur erahnen; nur wenige Maultierpfade führten durch die karge Buschsteppe. Ein Territorium so groß wie Nordafrika, die Heimat steinzeitlicher Indianerstämme, die sich von Würmern und Eidechsen ernährten.

Oberst Fawcett war kein Bruder Leichtfuß. Er kannte sich in Brasilien aus; er hatte mehrfach Vorstöße in die Grüne Hölle unternommen. War sein spurloses Verschwinden im Planalto ein gutes oder ein schlechtes Zeichen? Hatte man es mit einem zweiten Dr. Livingstone zu tun – oder mit dem tragischen Ende eines tropischen Sir Walter Scott? Mehrere Expeditionen wurden losgeschickt, um Fawcetts Verbleib zu erkunden. 1933 gelang es dem englischen Journalisten Peter Fleming über den „Rio das Mortes" – den „Todesstrom" – in die Nähe der vermuteten „Lost World" von Oberst Fawcett vorzudringen. Weder das sagenhafte „schnarchende Gebirge" noch die versunkenen Städte fanden sich; nur der moskitoverseuchte Sertão mit dem Klagelied der Zikaden.

Wo man noch vor ein paar Jahrzehnten ein versunkenes Eldorado suchte, stehen heute die Schlachthöfe und Kühlhäuser von Frigorífico Atlas und nicht weit vom „Todesstrom" verhökert Hashid da Silva Indianerschmuck in seiner „Casa Monte Líbano", nun schon seit dreißig Jahren. Irgendwann waren seine Vorfahren nach Brasilien eingewandert, nach Belém, um mit Para-Nüssen zu handeln, und nach Manaus zur Zeit des Kautschukbooms. Noél, wie sie ihn in São Félix nennen, hat es halt an den Araguaia verschlagen. Zwei, drei mal im Jahr fährt der drahtige Alte mit ein paar Helfern während der Regenzeit den Rio Trapirapé hinauf, bis sie das Boot nur noch durch den Sumpf staken können und die Dörfer der Xingu-Indianer erreichen, mit denen Noél Handel treibt. „Sie betrachten mich als ihren Freund, ich bringe ihnen Radios, Batterien und Taschenlampen, und sie geben mir Masken, Pfeile, Federschmuck und Körbe." Die „Casa Monte Libano" ist mit indianischen Handarbeiten bis unter den Dachfirst vollgestopft. Selbst nach Japan schickt der Libanese Indianerkunst. „Hier – das schätzen die Xinguanos besonders: Hängematten aus

Textilfabriken. Die Indianer tauschen sie gerne gegen ihre handgeknüpften Matten ein." Mit gelassener Würde führt Hashid da Silva durch sein Magazin. Eine große Kiste aus Venezuela, voll mit bunten Papageienfedern, schickt Noël schon morgen zu den Xingu-Indianern, damit sie Federschmuck daraus machen; die Xinguanos haben ihre eigenen Papageien schon restlos dezimiert. Könnten nicht bemalte Hühnerfedern aushelfen? „Não, Senhor, die Gringos kaufen nur echten Schmuck."

Federweiße Wolkenflotten segeln behäbig über das Firmament. Dickbäuchige Karavellen, volllastig bis zur Biege, ankern im Westen über dem Wald. Wanderdünen malen quittengelbe Schlieren, quecksilberweiß und müde trägt der Rio Araguaia seine Flut. Wirbel, Kräusel oder Blasen künden von Sandbänken, abgesoffenen Bäumen oder Wracks. Nur wenige Abenteurer hatten früher gewagt, sich einer Reise auf dem Araguaia anzuvertrauen. Feindliche Indianerstämme, gefährliche Untiefen, wechselnde Strömungen und die Moskitoplage hielten davon ab, die Fahrt anzutreten. Erst mit dem Kautschukboom und den Paranuss-Plantagen am unteren Araguaia änderte sich das. Zwei, drei Regenzeiten lang versuchten tollkühne Kapitäne, einen regelmäßigen Schifffstransport aufrechtzuerhalten. Die Dampfschiffe hatte man mit Ochsenkarren 3.000 Kilometer weit herangeschafft. Jetzt liegen ihre rostigen Kessel wie tote Elefanten im Halfagras verborgen.

Der Rio Araguaia ist ein leerer Strom. Nur wenige Wassernomaden ziehen den Fluss entlang oder leben an seinem Ufer das Leben von Einsiedlerkrebsen, so wie der alte Sebastião, dem das reicht, was er mit seinen eigenen Händen pflanzt und fängt: „Jeder knackt die Flöhe auf seine Art."

Türkisgrün, flaschengrün, silbrig wie der Bauch eines Herings, je nach der Tiefe und den Kieseln am Grund, reflektiert der Strom das Sonnenlicht. Wenn wir in die tiefe Rinne unterhalb der Steilufer treiben, nimmt das Wasser auch bronzene, rostbraune Färbung an. Die Hochflut am Ende der Regenzeit hat entwurzelte Bäume und verfilzte Astgebirge zurückgelassen. Riesige Tortenstücke hat der Strom samt den Sträuchern und Stämmen abgebissen und davongetragen.

Heute haben wir die Sachen in das Boot gepackt und sind ein letztes Mal an der Uferpromenade von São Félix vorübergesteuert. Noël hat sich aus Kummer betrunken: die FUNAI will ihm den Handel mit den Indianern verbieten, wenn er sich nicht impfen läßt. Mário hat wieder Schildkröten im Angebot. Häuptling Iwuraru bittet, Grüße an seinen Bruder auszurichten. Gilson hockt am Außenborder und gibt Vollgas. São Félix, der Badestrand mit den Bierbuden und das Dorf der Karajás versinken unter dem Horizont.

Wie verrückt ist doch die Wirklichkeit! Die Sache mit den Papageienfedern und der Schildkrötensuppe; der Pedell, der Amazonas-Fische in Karpfenteichen züchtet, die er mit Bulldozern vom städtischen Fuhrpark aushebt; der Abgeordnete, der einen unabhängigen Araguaia-Staat ausrufen will und die Zustimmung der Karajás-Indianer mit Eis am Stiel erkauft; der spanische Bischof, der seit dreißig Jahren gegen die Fazendeiros wettert und doch nichts ausrichtet. Schließlich Oliver Krüth, der baumlange Anthropologe aus Berlin, der gestern in Jesuslatschen und Handballertrikot am Strand auftauchte. Oliver will mit seiner Doktorarbeit den Maskenmythos der Karajás-Indianer erforschen, braucht aber noch die Zustimmung des Kaziken. Die Wartezeit in São Félix versüßt ihm eine braune Schönheit. „Keep away from women" – gegen den ersten Grundsatz der Ethnografie habe er schon verstoßen, hatte Oliver herzhaft gelacht und das Rollenspiel zwischen Indianern und Indianerforschern geschildert: „Die Kerle wissen doch genau, was die Ethnografen wissen wollen – und uns setzen sie als ihre Lobby ein."

Der Araguaia und der Xingu – „Schicksalsströme der deutschen Völkerkunde": Paul Ehrenreich (1855-1914), der die Sprache der Araguaia-Indianer entschlüsselt, Karl von den Steinen (1855-1929), der das Xingu-Gebiet erforscht, Theodor Koch-Grünberg (1872-1924) mit seinen bahnbrechenden linguistischen Untersuchungen, Curt Unkel Njemandú (1883-1945), der so gut wie jeden Indianer-Stamm besuchte, der Leipziger Fritz Krause (1881-1963) mit seiner umfangreichen Sammlung. Und nun soll Oliver Krüth noch die letzten offenen Fragen über die Karajás beantworten ... aus einem „Indianerdorf", in dem einmal ein Fünf-Sterne-Hotel gestanden hatte, das Präsident Juscelino Kubitschek für Staatsgäste erbauen ließ und das kurz darauf schon verfiel. Seither hausen die Karajá-Indianer in Ruinen der Weißgesichter. Haben Anthropologen Sinn für Ironie? Oder kämpfen sie nur verbissen um edle Wilde wie um echten Federschmuck?

Bis Santa Terezinha ist es noch weit. Stunden um Stunden zieht die Uferlinie wie ein grüner Tuschestrich in einem Aquarell vorüber. Unterwegs treffen wir auf ein Zeltlager, das Karajá-Indianer auf einer kilometerlangen Sandbank errichtet haben. Als die Sonne tiefer steht, zwingen sanfte Hügel den Araguaia zu wilden Schleifen. Gilson kennt die Fahrrinne wie ein alter Elbe-Lotse den Hamburger Hafen. Dass er mit brennender Zigarette den Benzintank nachfüllt, beweist, dass er auch Mut hat. Não tem perigo, não! Es gibt keine Gefahr, versichert Gilson treuherzig zum Abschied: Adéus!

Monte Alegre, Vila Rica, Santana do Araguaia, Rio Dourado, Rio Maria, Xinguara, Tucumã, São Félix de Xingu, Paraopebas, Curionópolis: Wildweststädte, Schrotthaufen der Hoffnung, über denen die Rauchsäulen stehen. Nach fünfzehn Stunden Busfahrt sind wir froh, von der Piste zu kommen. Nachts weiterzufahren ist gefährlich. Überfälle auf Omnibusse und Lastwagen sind in Amazonien zur Landplage geworden. Auch Redenção, eine Bretterstadt mit 50.000 Einwohnern, erweckt nicht gerade das Vertrauen der Durchreisenden. In den unzähligen Rotlichtbars der Stadt tummeln sich Cowboys, Goldsucher und Caiapó-Indianer, die im Mahagoni-Handel reich geworden sind. Hier hatte Paulinho Paiakan, der Kazike mit dem UNO-Umweltpreis, das Mädchen Sílvia Letícia aufgegabelt und zu einer Landpartie mitgenommen, an deren Ende ein ekelhaftes Sexualverbrechen geschah. Paulinho wurde mit Ausgehverbot verurteilt, im Ausland zweifelten Menschenrechtler, dass ein Caiapó-Indianer zu einer solchen Untat fähig sei. Als ob im Klima der Gewalt und der Gier von Redenção auch nur ein Wässerchen ungetrübt bleibt. Man hält sich besser die Nase zu, wenn man hinausfährt in die Nachbarstadt Conceição.

Getragen breit und wie gedemütigt zieht der Araguaia an Conceição vorbei. Seine Ufer waren einmal bewaldet, jetzt sind sie nur noch nackt und sandig. Die Menschen haben dem Fluss die Kleider genommen und ihm dafür eine närrische Badekappe aufgesetzt. Am „Möwenstrand" haust eine Menschenhorde, die ihren Bierdurst hinausbrüllt, als stände sie vorm Verdursten. Baggersee-Badevergnügen auf Amazonas-Art. Lärm, der aus den Lautsprecher-Batterien der Autos dringt, die am Strand parken, Lärm der Diskotheken, Gejammer der Erweckungsprediger und Wunderheiler, Fernsehrauschen, Radiodudel, Gebell auf allen Frequenzen. Je höher der Pegel, desto größer die Apathie. Müll und Lärm decken in Amazonien die Langweile zu, den Überdruss, die stille Verzweiflung. No future am Araguaia, kein Glück mit dem Gold, die Erde verbrannt, der Fluss versandet, die Fische verschwunden. Auf dem Fisch-Markt in Conceição kommen in den Handel: zwei Kisten Pacu und Piranha, ein paar Welse, drei Kilo Tucunaré, das ist alles.

Schon lange oberhalb der Goldgräberstadt Marabá hat der Araguaia seinen Namen an den kleineren Bruderfluss Tocantins abgegeben, als schäme er sich über den weiteren Lauf. Viel gibt es auch darüber nicht zu berichten: der Staudamm von Tucuruí versperrt den Ausgang zum Amazonas. Siedlungen halten sich am Stausee-Ufer nicht, die Moskitoschwärme, die der See produziert, verbieten es. Unter der Wasserfläche liegen 200 Quadratkilometer Wald begraben. Vom Erhabenen zum Lächerlichen fließt der Araguai 2.000, 3.000 Kilometer, bis er stirbt.

Der Pilot der Cessna Caravan schlägt mit der Zeitung nach einer Fliege, die sich ins Cockpit verirrt hat. Dann stellt er die automatische Navigation ein. Die Automatik wird uns eine halbe Flugstunde vor Belém aus der Siesta reißen.

Zweimal Hans im Glück

Der Stern von Rio

Katzenaugen, Mondsteine und Rosenquarz, eidechsengrüne Smaragde, preußischblaue Aquamarine, honigfarbene Topase, samtviolette Amethyste, Rubine rot wie Taubenblut; wenn Geschmeide spricht, schweigt alle Welt.

Die Juwelen von „H.Stern" glitzern an der Fifth Avenue ebenso wie in der Bahnhofstraße von Zürich. Seine Vitrinen sind auf dem Kurfürstendamm wie in der Königsallee zu finden, in den Lobbies der Luxushotels wie auf den internationalen Flughäfen leuchtet sein Name. Mit 190 Filialen und einem Jahresumsatz von über einer Milliarde Dollar ist Hans Stern der ungekrönte Edelsteinkönig der Welt.

Der Erfolg ist ihm nicht in die Wiege gelegt worden. Hans Stern ist 1923 in Essen fast blind auf die Welt gekommen; erst eine Operation öffnete ihm die Augen. Der Nazi-Terror vernichtete jede Hoffnung der jüdischen Familie auf eine ruhige bürgerliche Existenz. Mit ein paar Habseligkeiten konnten die Eltern und der Junge gerade noch fliehen. Hans Stern wurde mit 16 Jahren an die Copacabana gespült. Als Gehilfe in einem Handelskontor musste er sein erstes Geld verdienen; ein paar Jahre später verkaufte er sein geliebtes Akkordeon, um ein eigenes Juweliergeschäft zu gründen.

Heute beherrscht das Unternehmen „H.Stern" den Weltmarkt der Edelsteine. 55 Prozent aller Farbsteine gehen durch seine Hand, 65 Prozent der brasilianischen Funde landen in seinem Kontor. Von seinem bescheidenen Büro in Ipanema führt der Firmengründer ein Imperium mit 4000 Angestellten und wacht über einen Schatz von mindestens 300.000 Edelsteinen. Der Reichtum ist ihm nicht zu Kopf gestiegen. Man könnte Hans Stern für einen gewöhnlichen Prokuristen halten, so wenig macht er aus sich her und so unauffällig gibt er sich. Die ausschweifende Hautevolee von Rio de Janeiro ist ihm ein Greuel; seine Söhne hat er preußisch-spartanisch erzogen. Sie sind die Chefs der Firma, aber Hans ist immer noch der Boss.

Wenigstens einmal im Jahr besucht Hans Stern noch persönlich die Gruben in Bahia und Minas Gerais, die abgelegenen Goldgräbercamps und Diamantenminen, aus denen der Rohstoff kommt, den er zu kostbaren Schmuck verarbeitet. Der „Fingerabdruck" eines jeden Steines wird im Computer registriert. Jedes Stück bekommt ein Zertifikat und jeder Käufer eine Umtauschrecht. Aber die Seele des Geschäfts, so sagt der Firmengründer, sind immer noch Vertrauen und Verschwiegenheit. „Die Menschen, die mit mir arbeiten, werden genauso sorgfältig ausgewählt wie die Steine."

Hans Stern verlässt sich auf seine Menschenkenntnis – aber ebenso auf grafologische Gutachten, Intelligenztests und persönliche Empfehlungen. Nur wer in den Augen des Patriarchen eine blütenweiße Weste hat, wird eingestellt. Schließlich wandern durch die Hände der Angestellten Schmucksteine im Wert von Millionen. Viele Angestellten gehören schon seit Jahrzehnten zum Hause. „Man muss sich auf die Mitarbeiter absolut verlassen können. Das gilt im Kleinen wie im Großen." Selbst die größten Transaktionen werden per Handschlag besiegelt. Wer im Edelstein- und Diamantenhandel einmal sein Wort nicht hält, der verliert für immer seinen guten Namen.

Hans Stern genießt nicht nur im Kreis der wohlhabenden Kundschaft ein legendäres Ansehen. In den Minen Brasiliens erzählt man sich bis heute die Geschichte, wie der „Deutsche" vor vielen Jahren einmal den Streit zwischen einem Schatzgräber und einem Grundbesitzer über einen Fund geschlichtet hat. Hans Stern soll beiden so viel für die Steine geboten haben, dass die Streithähne nicht anders als in Frieden scheiden konnten. Wer an Stern verkauft, wird nicht betrogen. Solch ein guter Ruf zahlt sich aus.

Brasiliens Erde steckt voller Schätze. Vor drei Jahrhunderten lieferte die Kolonie tonnenweise Diamanten und Gold an den Hof in Lissabon. Im 19. Jahrhundert hatten sich deutsche Einwanderer tief im bergigen Hinterland angesiedelt; sie fanden farbige, transparente Kristalle, die sie zur Schätzung nach Idar-Oberstein schickten, dem Zentrum der Edelsteinschleiferei. Von da an begann in Brasilien der Abbau und Handel von Schmucksteinen erst richtig zu blühen. Ein weiterer Schub setzte im Krieg ein, als die Amerikaner nach strategisch wichtigen seltenen Metallen und Quarzen suchten. Bis heute überrascht Brasilien mit immer neuen Edelsteinvorkommen.

Die meisten Schürfstellen befinden sich in unzugänglichen Regionen Brasiliens, im zerklüfteten Minas Gerais, in der Trockensavanne des Nordostens oder in Amazonien. Weiler, die stolze Namen tragen wie „Diamantina", „Hematita" oder „Esmeralda", künden vom Bergbau, der in der Regel mit Schaufel und Spaten und in mühseliger Schufterei betrieben wird. Edelsteine können nicht wie Gold oder Silber maschinell ausgebaggert werden, sie liegen viel zu verstreut in der Gemengelage von metamorphischem Gestein.

Nach „São José da Safira" führt nur eine Staubstraße, auf der man von der nächsten Stadt, Governador Valadares, zwei Stunden mit dem Auto braucht. Noch eine weitere Stunde Schinderei über Stock und Stein und man gelangt zur Mine „Cruzeiro", einem Lager, das als Kulisse in einem Wild-West-Film dienen könnte. Seit Jahren buddeln hier die Männer Kriechgänge und Stollen in den Berg, um Rubelite und Turmaline zu bergen. Oft vergehen Monate, bis sich irgendwo im Gestein eine „linha" findet, eine dünne Ader, aus der sich die wertvollen Kristalle lösen lassen. Was sich als sensationeller Fund ankündet, verliert unter den kritischen Augen des Mineralogen oft seinen vorgeblichen Wert. Dann war die ganze Mühe erst einmal umsonst.

Pedro Löwenstein kennt sich in den Edelsteinminen von Minas Gerais so gut aus wie in seiner eigenen Westentasche. Seit 25 Jahren arbeitet der Geologe mit Hans Stern zusammen, und wie sein Arbeitgeber stammt er aus einer deutsch-jüdischen Familie, die früher einmal im westpreußischen Thorn zu Hause war. Pedro Löwenstein hütet sich, den Schatzsuchern das Blaue vom Himmel zu versprechen. Über den Preis wird erst verhandelt, wenn die gemeologische Expertise vorliegt. Stern verfügt über die modernsten Analyse-Geräte der Welt. Aber ohne die Erfahrung und absolute Zuverlässigkeit eines Mannes wie Pedro Löwenstein, dem Schürfer blindlings vertrauen, nützt die ganze Technik wenig.

Von der schweißtreibenden Schufterei im „Garimpo" können sich die Besucher bei H. Stern kaum eine Vorstellung machen, auch wenn ihnen im firmeneigenen Museum die einzelnen Schritte der Produktion präzis erklärt werden. Man kann dort den Juwelieren bei der Arbeit über die Schulter schauen, wie sie unter der Lupe aus dem Rohling den Kristall schleifen, der mit Gold oder Silber eingefasst wird. Vom Einkauf der Steine auf der Fundstelle bis zum Verkauf über den Tresen kontrolliert und steuert Stern den Weg seiner kostbaren Ware; das kommt dem Kunden zugute, denn kein anderer Händler drängt sich dazwischen.

Brasilien exportiert jedes Jahr Edelsteine im Wert von mehr als 100 Millionen Dollar; aber das ist nur die offizielle Statistik. Wohl drei mal so viele Steine werden außer Landes geschmuggelt. Die Händler lassen sich von Vater Staat nicht gerne in die Bücher sehen. Auch da macht Hans Stern eine Ausnahme; er dürfte einer der größten Steuerzahler von Rio de Janeiro, wenn nicht von Brasilien sein.

Der Zauberlehrling

Mit ein paar Strichen beginnt die Erfolgsstory von Hans Donner. Mit ein paar Kugelschreiber-Strichen auf der Papierserviette der Economy-Class über dem Südatlantik auf dem Weg von Rio zurück nach Europa.

Der Wuppertaler aus Wien fühlte sich im siebten Himmel. Denn er hatte das große Los gezogen: TV Globo, Brasiliens größte Fernsehkette, die Nummer Vier weltweit, hatte den Gringo zwischen Tür und Angel als Mann engagiert, der dem Sender ein neues Gesicht verpassen sollte. Und das strichelte der Meisterschüler der Wiener „Höheren graphischen Lehr- und Versuchsanstalt" gerade auf die Serviette. Daheim, und erst in Rio, würden sie staunen.

Es dauerte viele unbeantwortete Briefe und ein Dutzend Monate, Ewigkeiten, wie es schien, bis Hans Donner auf dem „Oxberry"-Tricktisch seinen Träumen Beine machte. Er kaufte ein One-Way-Ticket nach Rio und packte die Rio-Fernsehgötter bei der Ehre, damals vor 23 Jahren. Ein „Schutzengel" hatte ihn, wie er sagt, unter die Fittiche genommen. Hans im Glück, Mut gehört dazu. Scheu vor dem Risiko – die hat der Hans, das Skis-Ass, nie gehabt.

Heute gehen Computer im Wert von ein paar Millionen Dollar dem Künstlerischen Direktor von TV-Globo zur Hand. Mit nur einem Dutzend Mitarbeitern konzipiert er das Image des TV-Giganten. Der „Magier" hat die Bodenhaftung trotzdem nicht verloren. Sein Büro gleicht einer Studentenbude. Kuli, Filzschreiber, Blei- oder Lippenstift, was gerade zur Hand ist, alles verwandelt sich zum Ableiter von Donners Geistesblitzen.

Der Computer ersetzt den Stift nicht. Die ersten kreativen Schritte sind handwerklicher Natur – und viele der besten „trailer" des Meisters sind auch auf ganz „konventionelle" Weise per Modellbau, Einzelbildschaltung und Blue-Screen-Technik entstanden. Was Hans Donner zu Papier bringt – das erreicht in seiner Sende-Fassung über den Bildschirm Millionen Menschen, achtzig Millionen rund um die Uhr allein in Brasilien. Hans Donner hat nicht nur ein neues Gesicht für TV Globo, er hat einen weltweit neuen, oft kopierten Stil des Fernsehdesigns geschaffen.

„Im Fernsehen habe ich die große Freiheit, ohne Schwerkraft zu arbeiten." Fünf Prozent der Sendezeit gehen auf Donners kreatives Globo-Konto – bislang rund 7.500 Stunden Sendezeit. „Das ist die Vitrine meiner Arbeit, die gibt es sonst nirgends auf der Welt, das ist zeitgenössische Volkskultur. Man müsste dafür fünf Jahre lang jeden Tag vier Stunden meine Fernsehkreationen sehen", sagt er beiläufig, aber nicht ohne Stolz.

„Plim-Plim" – das Klingelzeichen der Abendnachrichten von TV Globo ist so etwas wie die Nationalhymne von Brasilien. Und die elektronischen Fahnen dazu hat Hans Donner gestickt: Das bewegte Logo von TV Globo. Wenn es denn ein Band gibt, das die fünftgrößte Nation der Erde umgarnt, so sind es TV Globo und Donners Bildschirm-Zaubereien.

Hans Donner hat die steifen Buchstaben zu Sambaschritten verführt. Er hat als erster Computergrafik wie eine Sinfonie komponiert; er engagierte Mathematiker und Maschinen, die damals nur ein paar High-Tech-Experten in Kalifornien verstanden. „Das Beste vom Besten" sollte er nach Rio holen, Geld spielte dabei keine Rolle. Manche Sendeminute des Präzisionsfetischisten hat TV Globo schon mehr als einen Rolls-Royce gekostet. Es hat sich ausgezahlt. Der Medienkonzern exportiert seine Programme, in erster Linie natürlich die berühmten Telenovelas, aus Rio in aller Herren Länder mit der perfekten Verpackung, made by Hans Donner.

Hans Donner und Rio de Janeiro – eine Liebesbeziehung. „Nur in einem so jungen und verrückten Land wie Brasilien ist das möglich, was ich heute mache. Nur hier sind die Leute so begeisterungsfähig, ist die Freude an Emotionen so groß. Nur hier herrscht das organisierte Chaos, ohne das meine Arbeit nicht machbar wäre." Daß er dem Karneval verfallen ist, dass er die Show einer Samba-Schule orchestriert und ausgestattet hat, mit seinen Kostümen und Kreationen selbstverständlich und unter dem Motto „Hans Donner – Der Magier und sein Universum": wen wundert das?

Sein Universum ist das der Ästhetik und Phantasie. Längst ist es nicht mehr bloß das Computerdesign, das Donners Handschrift trägt; seine Schöpfungen haben den virtuellen Bildschirmraum verlassen. Seine ungebändigte Lust, die Welt nach der eigenen Optik neu zu erschaffen, macht selbst vor solch profanen Dingen wie Vergnügungsparks, Haushaltsgeräten und Möbeln nicht halt. Nun hat sich der Meister auf Chronometer geworfen. Eine elegante Kollektion Armbanduhren hat Hans Donner produziert. Seine Uhren messen die Zeit nicht mit ruckenden Zeigern, sondern durch rotierende Scheiben, und sie kosten ein paar tausend Dollar.

Seine Fernsehspots, seine Uhren, seine Möbel und die göttliche Valéria Vanessa, die „Globeleza", an seiner Seite: Hans Dampf in allen Gassen, was willst Du noch mehr? „Ich würde gerne so etwas wie einen Stil schaffen – so wie das Bauhaus die Architektur geprägt hat. An Mode liegt mir nichts, wohl aber an der perfekten Form." Schon sucht seine Hand den Stift. Hans Donner, der Macher, der Zauberer. Er atmet das Flair von Rio, er hat dem Charme von Wien, und er arbeitet so präzise wie seine Uhr.

Kaisertreue Brasilianer

„Vom Himmel hoch, da komm ich her ... " Altdeutsche Weihnachtslieder klingen aus der Liederhalle, während draußen das Thermometer auf 30 Grad klettert und die Grillen ihr Gegenkonzert anstimmen. Wer zur Weihnachtszeit in den Süden Brasiliens reist, wird solchen Kontrasten häufig begegnen. Blumenau, die „heimliche Hauptstadt" der Provinz Santa Catarina, ist den Brasilianern allerdings weniger wegen der Weihnachtsbräuche als der Trinksitten halber bekannt. Das „Oktoberfest" der Stadt gilt als das weltweit zweitgrößte. Aber Bayern haben in Blumenau nie gelebt. Die Gründungsväter kamen aus Sachsen, der Pfalz und Pommern anno 1848 ...

Der Apotheker Dr. Hermann Blumenau rudert mit seinem Freund Ferdinand Hackrath den Itajai-Fluss hinauf. Sie halten sich dicht am Ufer, denn der Fluss strömt reißend zwischen den Urwaldriesen dahin. Aus dem dunklen Dickicht knackt und krächzt es bedrohlich. Die beiden Deutschen stoßen in den südbrasilianischen Dschungel vor, um eine neue Heimat für ihre Landsleute zu suchen. Als ein donnernder Wasserfall die Weiterfahrt versperrt, gehen sie an Land. Sie schlagen Pflöcke in die Erde und beschließen, bei der kaiserlichen Regierung Brasiliens eine Konzession für die „Gesellschaft zum Schutz der deutschen Auswanderung" zu beantragen. Zwei Jahre später, am 2. September 1850, stehen an gleicher Stelle neben Blumenau und Hackrath siebzehn erschöpfte Personen mit Hab und Gut im „Kühlen Grund" und wissen nicht, ob sie lachen oder weinen sollen.

Der große Treck der Hungerleider aus Deutschland hatte Anfang des 19. Jahrhunderts eingesetzt. Die Gemahlin des ersten brasilianischen Kaisers, Leopoldine von Habsburg, förderte die Ansiedelung ihrer Landsleute im Süden des Reiches. Staatspolitisch ging es darum, die Grenze zu den spanischsprechenden Nachbarn zu sichern. Jede Einwandererfamilie, so versprach Kaiser Pedro I., solle einen Quadratkilometer Land erhalten und zehn Jahre lang Steuerfreiheit genießen. Kleinbauern und Handwerker waren besonders willkommen, denn Plantagenherren und Viehbarone hatte man schon genug.

Mit der Brigg „Anna Louisa" segelten die ersten Auswanderer ins gelobte Land. Am 25. Juli 1824 gründeten sie ein Dorf und nannten es zu Ehren der Kaiserin „São Leopoldo". Der 25. Juli wird in den Vereinen Südbrasiliens auch heute noch gebührend gefeiert. Die Emigranten aus den bettelarmen deutschen Landen hatten damals weniger Grund zur Freude: „Für die Eltern der Tod, für die Kinder die Not, für die Enkel das Brot", hieß es.

Bis zur Jahrhundertwende hatten sich bereits viele Tausend Teutonen in Süd-brasilien angesiedelt. In manchen Tälern wurde nur Deutsch gesprochen. Die Deutschen stellten neben den Italienern und Polen die meisten Einwanderer in den Südprovinzen. Deutsche Traditionen wurden mit Inbrunst gepflegt – lei-der auch zur Nazi-Zeit: „Am Sonntag, 7. November 1937, veranstaltet die hie-sige Ortsgruppe der NSDAP im Wilhelm-Gustloff-Heim ab 6 Uhr abends das 1. Eintopf-Essen im Winterhilfswerk 1937/38. Alle Volksgenossen werden hierzu herzlich eingeladen – DAF-Ortsgruppe Blumenau/NSDAP-Ortsgruppe Blumenau": eine Anzeige aus der „Blumenauer Zeitung". Die Bra-silianer übten Geduld mit ihren deutschtümelnden Neubürgern. Bis ihnen das Treiben zu bunt wurde und sie mit den USA gegen die „Achse" in den Krieg gingen. Deutsch wurde ganz einfach verboten.

Die Wasser des Itajai sind längst darüber hinweggeflossen. Deutsch ist wieder „in" in der Provinz Santa Catarina. Wer Klöße schätzt und frisches Bier, der schlendert an der „Loreley" vorbei zur Ausflugsschänke „Frohsinn". Im Ve-stibül der rustikalen Jause hängen die Fotografien dreier Staatsbesuche: vom „Grafen Zeppelin", von Karl Carstens und Helmut Kohl, 1992. Der Blick schweift von der Terrasse übers enge Tal: „Aus blauen Wogen steigt ein Land/an Schönheit, Glanz und Armut reich/Der Urwald ist sein Prachtge-wand/Auf Erden ist kein Land ihm gleich/Aus den Orangenhainen her-aus/schaut hier mein liebes Vaterhaus/Hier fand des Nordens blonder Sohn/ein neues Heim auf grüner Flur/Hier spendet ihm verdienten Lohn/die ewig schaffende Natur ..." – deutsch-brasilianischer Heimatkalender 1966. Die bestellte Schlachtplatte kommt.

Dr. Blumenau und die deutschen Kolonisten kämpften zäh ums Überleben. Die kleine deutsche Siedlung wurde häufig von Epidemien und Über-schwemmungen heimgesucht. Indianerüberfälle „stellte man schnell ab". Die Gemeinde bezahlte einen gewissen Friedrich Deeke als „Burgerjäger", der die Botokuden vertreiben sollte. 1877 fing er ein „zahmes Botokuden-Mädchen" ein, das der Direktor des Kolonialvereins „Harmonia" aufnahm und „zivili-sierte" – eine damals viel beachtete philanthropische Geste.

In Blumenau blieb man unter sich. Aber die Stadt mauserte sich bald zu einem wichtigen Industriestandort. Hermann und Bruno Hering kamen aus Chem-nitz und brachten ihre Webstühle mit. Sächsischer Fleiß paarte sich mit brasi-lianischer Baumwolle. Das Geschäft lief glänzend. Aus Blumenau wurde sozu-sagen Heringsdorf. Noch heute übt die Companhia Hering großen Einfluss auf die Stadt aus, die inzwischen 200.000 Einwohner, 65.000 Autos, 1.000 Fa-briken, 73 Schulen und 33 Schützenvereine zählt. Im Club Tabajara treffen sich die Honoratioren aus den Sippen der Herings, Zadroznys und Fritzsches zur Gipfelpolitik. In Blumenau mucken keine aufmüpfigen Gewerkschaften auf, weil die Firmenpatriarchen klug genug waren, dem Wohlergehen und der beruflichen Bildung ihrer Belegschaften große Aufmerksamkeit zu schenken – eine für Brasilien ungewöhnliche Unternehmerphilosophie.

Die Deutschen aus dem Süden werden in Brasilien als zuverlässig und tüchtig geschätzt – aber nicht unbedingt geliebt. Dazu sind sie zu „chato", zu steif und holzköpfig. Aber wenn das Bier fließt oder die Männerchöre Weihnachtslieder anstimmen, bemerken die angereisten Touristen aus Rio de Janeiro oder São Paulo verwundert, dass ihre deutschstämmigen Landsleute nicht nur verstehen zu arbeiten, sondern auch zu feiern, und das nicht nur auf dem sommerheißen Oktoberfest, sondern auch mitten im kalten Winter!

Schmuddelwetter, so wie im Hamburger November; es nieselt grau vom Himmel, das Thermometer zeigt knapp acht Grad. Hinter den beschlagenen Scheiben ziehen die grauen Wohnblocks von Novo Hamburgo vorüber. Wir befinden uns im Juli und dreißig Breitengrade südlich des Äquators auf einer brasilianischen Autobahn. Dick vermummte Polizisten winken an einer Unfallstelle vorbei. Ob die ersten deutschen Einwanderer mit solchem Winterwetter gerechnet hatten?

Je weiter sich die Straße nach Norden in die Sierra schraubt, desto häufiger tragen die Dörfer auch italienische Namen. Bauern aus den Abruzzen und Winzer aus Venetien ließen sich im 19. Jahrhundert in den Bergen nieder. So blühen in Rio Grande do Sul Milchwirtschaft und Weinkultur, Industrie und Handwerk einträchtig nebeneinander, feiern die Leute „Kermes" und „Carnevale", singen deutsche und italienische Lieder und sind doch selbstbewusste Brasilianer.

Das Kaminfeuer prasselt, der Wind pfeift durch die dünnen Wände. Die Pensionsgäste rücken enger zusammen. Draußen schütteln sich die ausladenden Baumkronen der Aurakarien, der Südkiefern, die mit ihrem schlanken Stamm und den ausladenden Ästen an Kerzenleuchter erinnern. Bei diesem Wetter jagt man keinen Hund vor die Tür – aber gerade deshalb kommen die Touristen in die Sierra, um die Sensation der Kälte zu verspüren. Das Fernsehen meldet neue Rekorde: Auf Null Grad soll das Thermometer fallen! In Rio de Janeiro friert man schon bei zwanzig Grad; hier unten im Süden aber, in Gramado, rieselt fast jedes Jahr einmal der Schnee – wenn auch nur für wenige Minuten. Beste Gelegenheit, die eingemotteten Pelze und die gestrickten Pullover herauszuholen; Handschuhe nicht vergessen!

Bei „Tante Nilda" wird die Kälte mit „Café colonial" besiegt: ein stundenlanger kulinarischer Kampf gegen den Magen. Wilhelm, der Ober, trägt nach der Bestellung erst einmal Eisbein, Würstchen und Sauerkraut auf. Daran schließt sich eine kalte Wurst- und Käseplatte an. Mit Toast und Kräckern wird der Übergang zur süßen Seite vollzogen. Nun kommt ein Tablett mit einem Dutzend hausgemachter Marmeladen und Gelees. Gebäck und Eis und Kuchen folgen. Gewässert wird mit Milchkaffee und einer Kanne heißer Schokolade – der stopfende Kakao soll das Platzen der Gäste verhindern. Für diese Art der Körperverletzung sind pro Person umgerechnet fünf Dollar zu zahlen. „Hat es Ihnen nicht geschmeckt?", fragt Wilhelm betroffen, weil wir die Ananastorte nicht angerührt haben. Nein, nein, wir müssen bloß noch zur Weinprobe.

Seit rund einem Jahrhundert werden in Brasilien Reben gepflanzt. Aus zwei Dutzend Winzergenossenschaften wuchs eine ganze Industrie. Deren Weinkeller zu besuchen, gehört zum Pflichtprogramm. Sônia wird die Führung übernehmen. Sie trägt ein Rotkäppchen-Kostüm und die entschlossene Miene einer Krankenschwester. Die Touristen sollen sich nicht verlaufen; es sollen schon Leute in den Riesenfässern ertrunken sein.

Rot-, Rosé- und Weißweine reifen still dahin; die Weißweine in blitzenden Aluminiumcontainern, die Rotweine in gewaltigen Bottichen aus Planken der Südkiefer. Die Rebensorten Cabernet-Sauvignon, Merlot, Pinot Noir, Riesling, Italica und Chardonnay stammen ursprünglich aus Europa; für die billigen Weine werden auch amerikanische Hybrid-Trauben verwendet. Rund drei Millionen Hektoliter Wein produziert Brasilien, ein kleiner Teil davon (sieben Millionen Liter) wird exportiert. Jeder Brasilianer trinkt pro Jahr im Schnitt zwei Liter Rebensaft; das ist nicht eben viel. Die Winzer könnten leicht das Doppelte und Dreifache produzieren. Denn die Böden sind gut und die Sonne ist gratis. Im subtropischen und tropischen Klima Brasiliens wachsen so süße Trauben, dass der Gedanke nachzuzuckern, abwegig ist. Brasiliens Weinwirtschaft hat ganz andere Sorgen: Wer trinkt schon Wein im Lande? Wer hat das Geld dazu?

„Frau Bauer", „Häuserwein", „Sonnenberg", „Richtburg", „Sommerliebe" und „Katzwein" heißen die weißen, „Castell Chombert", „Torre Eiffel" oder „Chalise" schmücken die roten Weine mit Phantasienamen. Das meiste ist unausgegorenes Zeug. Aber im Lauf der Jahre haben die brasilianischen Winzer auch durchaus trockne und ausgefeilte Tropfen herangezüchtet, die sich vor der chilenischen und argentinischen Konkurrenz nicht verstecken müssen. In Garibali, zwanzig Kilometer südlich von Bento Gonçalves, hat man sich auf Schaumweine spezialisiert. Alle drei Jahre auch dort im Juli eine Messe: mit kostenlosen Plastik-Sektkelchen steht man frierend herum. Radio „Champagner" schickt heiße Rhythmen durch die Lautsprecher. Die lokalpatriotische Polizei hat noch keinen wegen zu vieler Promille festgenommen; man gelangt nur mit dem Auto zur Verköstigung.

Wo kommt der viele Wein nur her? Die Rebenfelder bedecken nur einen geringen Teil des Berglandes, 60.000 Hektar im Lande. Meist handelt es sich um kleine Areale, mitten aus dem Busch gehauen. Die Weinbauern haben kaum das notwendige Kapital, größere Felder zu bewirtschaften. Ihre Holzhütten stehen gleich neben den Rebenstöcken und den Maisfeldern; Kühe, Hühner und Schafe gehören dazu. Wo man anklopft, wird man herzlich empfangen. Jeder macht seinen eigenen Wein – aber der größte Teil der Ernte geht an die Kooperative. In den Bretterbuden der brasilianischen Winzer fehlt die Behäbigkeit süddeutscher Weingüter oder die Eleganz französischer châteaus. Die Weinbauern in Rio Grande do Sul sind immer noch Pioniere, die ihre Ernte dem Dschungel abtrotzen.

Wenn man aus den Weinbergen wieder hinab in die Ebene fährt, könnte man glauben, durch deutsche Dörfer zu kommen – sogar die Milchkannen auf den Holzböcken beiderseits der Landstraße fehlen nicht. „Leopoldina", „Allesgut" und „Teutônia": wir sind wieder unter den Germanen, den „grünen Bäuchen". „Teutônia", 6.000 Einwohner, machte Schlagzeilen in der brasilianischen Presse: ein Ort ohne Obdachlose, schrieben die Zeitungen. Bürgermeister Elton Klepker ist darauf besonders stolz. Allerdings sorgen die Dorfschulzen auch dafür, daß es so bleibt: die Teutonen wollen unter sich bleiben – selbst wenn sie nur noch „Hundsbuckel-Deutsch" radebrechen und das Brotbacken längst verlernt haben. Kaisertreu bleiben sie immerdar – gegenüber Wilhelm oder Pedro, je nachdem.

Held ohne Denkmal

Maria do Carmo Gerônimo misst gerade mal 1,22 Meter, wiegt knapp 41 Kilo und ist biblisch alt: 124 Jahre hat die rüstige Greisin auf dem Buckel. Maria do Carmo mag die älteste lebende Frau auf dieser Erde sein – und die letzte, die von ihrer Jugend als schwarzes Sklavenmädchen erzählen kann; sie kam als Sklavenkind am 5. Mai 1871 auf die Welt, und als Sklavin wuchs Maria auf einer Fazenda in Minas Gerais heran.

Maria do Carmo mag im „Guiness-Book of Records" landen; das lässt sie kalt. Dass sich aber der Bürgermeister von Rio de Janeiro die Ehre gibt, ihr das Meer, das sie bis dahin nie gesehen hat, zu zeigen, rührt sie. Vor hundert Jahren hätte man Maria do Carmo nicht einmal eines Blickes gewürdigt, und auf der Gasse hatte sie selbst vor den Hunden der weißen Herren Platz zu machen ...

Von Zeit zu Zeit erinnert sich das offizielle Brasilien seiner afrikanischen Ahnen. Hier leben nach dem afrikanischen Staat Nigeria schließlich die meisten Schwarzen – alle Nachkommen von Sklaven. Brasilien sei heute eine Rassendemokratie, behaupten die (ausnahmslos weißen) Politiker und verweisen auf die Verfassung. Doch in den Schulbüchern des Landes wird ein Mann nur am Rande erwähnt: „Zumbi", der schwarze Spartakus, der es gewagt hatte, den weißen Siedlern zu trotzen und einen eigenen Staat mit geflohenen Sklaven und afrikanischen Traditionen zu errichten: „Palmares". Zumbi musste dafür mit dem Leben bezahlen, am 20. November 1695 wurde er gefangen und geviertelt, seinen Krauskopf spießte man auf dem Marktplatz von Recife auf.

Palmares war ein halbes Jahrhundert lang für die Sklaven auf den Plantagen ein Hort der Freiheit – und für die holländischen und portugiesischen Herren eine ständige Quelle der Angst. „Eine afrikanische Kolonie mitten in dem Kranz der europäischen Sklavenstaaten konnte unmöglich geduldet werden. Die Pflicht der Selbsterhaltung gebot, sie zu vernichten", schreibt der Historiker Heinrich Handelmann anno 1860, selbst wenn er als aufgeklärter Hanseat die Sklaverei natürlich ablehnte.

Bis in die Mitte des 19. Jahrhunderts hinein haben europäische Kaufleute den transatlantischen Sklavenhandel betrieben. Vermutlich wurden zwölf Millionen Afrikaner als Arbeitstiere vom Mississippi bis an den Rio de la Plata an die Plantagenherren verhökert. Die Europäer hatten freilich nicht die Sklaverei erfunden – sie war unter den Römern und den Arabern gang und gebe. Nur, diese Art der planmäßigen Massendeportation und Vernichtung durch

Arbeit – die Sklaven galten nach fünf Jahren Fron als „verbraucht" – war historisch ohne Beispiel.

Der Hunger der Plantagenherren nach „schwarzem Gold" schien unersättlich. Im Süden Nordamerikas, in der Karibik und im tropischen Südamerika übertrafen zahlenmäßig die schwarzen Sklavenheere bald die weiße Aristokratie. Etwa ein Drittel aller verschleppten Afrikaner landeten nach entsetzlichen Qualen der Seereise auf den Sklavenmärkten Brasiliens, wo sich im 17. und 18. Jahrhundert holländische und portugiesische Kolonisten um diese Beute stritten.

„Das Herrenhaus, das der Siedler schon im 16. Jahrhundert inmitten der brasilianischen Zuckerplantagen errichtete", war, so der Essayist und Gelehrte Gilberto Freyre, mit „ihrem ländlichen auf Sklaverei gegründetem Patriarchat" die Arche Noah der portugiesischen, tropischen Kolonialgesellschaft. „Die Sklaven wurden buchstäblich die Füße der Herren, sie wurden von diesen herumgejagt und trugen sie in den Hängematten und Sänften. Sie wurden auch die Hände ihrer Herren, zumindest ihre rechten Hände, denn sie zogen sie an, halfen ihnen in die Hosen, zogen ihnen die Schuhe an, badeten und bürsteten sie und suchten ihnen die Flöhe ab ..."

Drastisch schildert Gilberto Freyre in seinem Klassiker „Herrenhaus und Sklavenhütte" die Zeugung und Geburt der brasilianischen Nation in der Hängematte des Herrenhauses. Brasilien sei ein Bastard, seine Kultur nicht belastet, sondern gehoben durch afrikanisches und indianisches Blut. Gilberto Freyre, der als Sohn eines weißen Zuckerbarons und einer schwarzen Amme herangewachsen war, schrieb das in einer Zeit, da nicht nur in Europa der Rassismus blühte; seine Hymne auf die ethnische Mischung und Multi-Kulturalität schockte die hellhäutige brasilianische Elite.

Doch so idyllisch, wie Freyre in Erinnerungen an die heimatliche Plantage schwelgt, war das Leben der Sklaven weiß Gott nicht. Von Selbstmorden, Verstümmelungen und Abtreibungen berichten die Chroniken; unzählige Aufstände und Revolten zeugen von dem Versuch der verzweifelten Menschen, die Ketten der Sklaverei abzuschütteln.

Die Scharmützel, die zwischen holländischen und portugiesischen Eroberern und Siedlern im 17. und 18. Jahrhundert in Bahia, Pernambuco und Alagoas aufflammten, boten den Sklaven die Chance, die Ketten abzuschütteln. Sie flüchteten tief in den Dschungel hinein, zogen die Flüsse hinauf und verschanzten sich im unzugänglichen Küstengebirge. „Quilombo" nannten die Rebellen ihre Dörfer, die sie mit Rundhütten und Lehmburgen nach Art ihrer Vorväter errichteten. Das ganze Leben in den Quilombos verlief nach afrikanischen Traditionen. Die Quilombos wurden von „Häuptlingen" und „Fürsten" geführt, die sorgfältig von den Dorfältesten ausgewählt worden waren. Jagd, Tauschhandel und tropischer Feldbau, auf den sich die Schwarzen besser verstanden als die Europäer, sicherten das vorläufige Überleben der Quilombos.

„Negers Ruh/Weißer kommt nicht her. Wenn er käme/Wird der Teufel ihn holen. Negers Ruh/Weißer kommt nicht her. Wenn er käme/Wird er Prügel kriegen": ein Quilombo-Beschwörungslied, das aus Alagoas überliefert ist. Doch die Weißen kamen – mit Feuer und Schwert. Die Kolonisten wollten ihr menschliches Vieh wieder einfangen. Bloß nach Palmares wagten sie sich noch nicht. Dort sollen immerhin 20.000 Menschen gelebt haben. Sie waren Untertanen von König Ganga-Zumba und seines Neffen Zumbi. Wenig ist von den beiden überliefert. Zumbi sei von „großem Mut und seltener Standhaftigkeit" gewesen, heißt es. (Der brasilianische Soziologe Luiz Mott behauptet, Zumbi sei schwul gewesen – was in der relativ kleinen, organisierten Neger-Bewegung Brasiliens einen Protestschrei auslöste). Unter Zumbi konnte sich Palmares jedenfalls jahrelang aller Angriffe der Weißen erwehren. Erst dem Landsknecht und „Bandeirante" Jorge Velho gelang im dritten Anlauf und mit 10.000 bewaffneten Söldnern, Palmares zu stürmen und zu brandschatzen. Zumbi entkam, wurde verraten und schließlich hingerichtet.

In Palmares war der erste Versuch, einen eigenen Neger-Staat außerhalb Afrikas zu errichten, gescheitert. Hundert Jahre später rebellieren die Sklaven auf der französichen Insel in Saint-Domingue und rufen Haiti aus, das erste Land Lateinamerikas, das sich vom kolonialen Joch und von der Sklaverei befreit. Doch das ist eine andere Geschichte.

Die Verfassung Brasiliens garantiert den „terras negras" und „Quilombos", den mehr als vierhundert nachgewiesenen Gemeinden mit den Nachkommen afrikanischer Sklaven, die ihre eigenen Traditionen bewahren, das gleiche Recht zur Selbstverwaltung wie den indianischen Stämmen. Theoretisch. Bislang ist kein Quilombo „anerkannt" worden. Im Gegenteil, Sklaverei und sklavenähnliche Arbeitskontrakte sind im brasilianischen Hinterland, auf den Zuckerrohrplantagen und Rinderfarmen, noch heute anzutreffen. Die „Comissão Pastoral da Terra" der katholischen Kirche schätzt, dass 25.000 Familien in Sklaverei gehalten werden.

Jede Statistik beweist, daß auch mehr als einhundert Jahre nach dem Ende der Sklaverei die dunkle Hautfarbe in Brasilien soziale Benachteiligung nach sich zieht – obgleich das offizielle Brasilien sich mit Afro-Musik und Mulatta-Shows schmückt. „Rassismo cordial" – „herzlicher Rassismus" nennt eine Zeitung aus São Paulo das.

Der ungerufene Krieger

Es war einmal ein Indianerjunge vom Volk der Xavantes, der lebte im Dorf Namuncurá am Ufer des Rio Araguaia. Dürren, Fluten und Feste wechselten wie die Sternbilder einander ab, und der Indianerjunge wuchs zu einem stattlichen Krieger heran. Eines Tages kamen fremde Menschen in das Dorf, die hatten eine fahle Haut und Haare um den Mund. Sie nannten sich Salesianer; sie tauften die Xavantes unter dem Bildnis eines bärtigen Mannes.

Der junge Krieger heißt jetzt Mário Juruna, er lernt die Sprache der Weißen lesen und schreiben. Die Dorfältesten bestimmen Mário zum Kaziken. Nun ist er der Häuptling von 5000 Xavantes. Die Xavantes sind nicht das einzige Indianer-Volk in Mato Grosso. Mário Juruna entdeckt, dass auch die Bakairi, Bororo und Karajás, dass alle Indianerstämme Brasiliens unter den Bleichgesichtern leiden; die Indios lassen sich ihr Land gegen Schnaps und Kleider, Glasperlen und Taschenmesser abluchsen.

Mário Juruna macht sich auf die Suche nach Gerechtigkeit; er hat einen Kassettenrekorder dabei, den lässt er laufen und laufen. Jedes Wort der Weißen hält er fest: jedes Versprechen, jede Lüge, jedes Lob. Bis die Batterien ausgehen. Den Leuten wird der Kazike mit seinem Bandgerät lästig. Doch Juruna hat gelernt, das Telefon, den Recorder, das Radio und Fernsehen für seine Zwecke zu nutzen. Er wird bekannt wie ein bunter Hund und zieht als erster Indio in den Nationalkongress ein.

Je sicherer aber der Kazike in der Welt der Weißen auftritt, desto weniger wird er beachtet. Mário Juruna fällt wieder in die Bedeutungslosigkeit zurück. Letzte Einstellung: Auf dem Umweltgipfel von Rio de Janeiro, 1992, versucht er, an die schockierten Teilnehmer ein Leopardenfell zu verkaufen; nur, um ins Fernsehen zu kommen.

So könnte das moderne Märchen von dem Xavante-Krieger der traurigen Gestalt, der wie Don Quixote gegen Windmühlen reitet, eines Tages erzählt werden: vielleicht sogar in Namuncurá.

Mário Juruna war eine tragikomische Figur. Doch er verdient ein Denkmal. Denn er hat mehr als jeder andere Rechte für die Indianer Brasiliens durchgesetzt.

Die Rechte der Indianer: als Junge schon hatte Mário erleben müssen, wie wenig sie galten. Bleichgesichter hatten das Indianerland bei Parabubu geraubt und eingezäunt; Jurunas Sippe floh nach einem Massaker in die Arme der Salesianer von Sangradouro. An anderer Stelle ließen sie sich nieder und nannten ihr Dorf Namuncurá. Von dort zog der junge Kazike aus – und seine Wege führten ihn bis nach Brasília.

Damals, in den siebziger Jahren, herrschte Schweigen im Lande. Die Militärs sorgten für Ruhe und Ordnung, oder, wie es in der Flagge gestickt steht: für Ordnung und Fortschritt. Die Ordnung war die eines Kasernenhofs. Der Fortschritt war der mit Deutschland vereinbarte Bau mehrerer Atomkraftwerke, war die Fertigstellung der futuristischen Hauptstadt Brasília und die Planierung der „Transamazônica", einer Rollbahn quer durch die „Grüne Hölle"; sie werde Menschen ohne Land in ein Land ohne Menschen bringen, behauptete der Präsident, General Emílio Garrastazu Medici. Bis die Bautrupps auf Indianer stießen, die mit Pfeilen schossen.

Indianer? Gab es die immer noch? Sie standen dem Fortschritt im Wege! Die Militärs hatten mit den Ureinwohnern Brasiliens nicht viel im Sinn. Dabei war es einer aus ihren Reihen gewesen, der posthum zum Marschall ernannte General Cândido Rondon (1865-1958), der bereits 1910 einen „Indianerschutzdienst" ins Leben gerufen hatte. Rondon hatte als Militär-Ingenieur Telegrafenlinien durch Steppe und Urwald im äußersten Westen Brasiliens gezogen und war dabei auf Indianerstämme gestoßen, die bis dahin keinen Kontakt zur „Zivilisation" besaßen. Statt die Ureinwohner zu vernichten, stellte Rondon sie unter seinen besonderen Schutz.

Der „Indianerschutzdienst" machte seinem Namen wenig Ehre; er entartete zu einer Behörde, in der abgehalfterte Militärs und akademische Schreibtischtäter um Posten und Pfründe rangelten und alles unternahmen, um bloß nicht aus der Hauptstadt auf einen der wenigen Außenposten in den Indianergebieten abgeschoben zu werden.

Kein Mensch wußte, wie viele Ureinwohner auf dem Territorium der Föderativen Republik Brasilien lebten. Und wie viele Stämme man noch entdecken würde. Man war nicht viel weitergekommen als die deutschen Ethnologen Karl von den Steinen und Curt Njemandú, die eine Erfassung der indianischen Völker gegen Ende des 19. und in den dreißiger Jahren des 20. Jahrhunderts versucht hatten. Doch für die Juristen stand zweifelsfrei fest, dass die Indianer nie und nimmer gleichberechtigte Bürger Brasiliens sein konnten. Allenfalls war ihnen der Status unmündiger Kinder zuzusprechen, deren Vormundschaft der staatlichen Indianerbehörde oblag.

Und da taucht nun in der futuristischen Betonwüste Brasílias ein halbnackter knollennasiger Indio auf, der seine pechschwarzen Haare wie ein Beatle trägt, der mit Bierernst unverschämte Foderungen stellt, sich das Maul nicht verbieten lässt und die Chuzpe hat, angesehene Staatsmänner und verdiente Militärs als Lügner, Gauner und Halunken zu bezeichnen.

Gottlob, dieser Mann weiß ja nicht, was er sagt; der ist ja nicht satisfaktionsfähig, ein Witz ist der. Je unwirscher aber Mário Juruna von den Bürokraten abgebürstet wird, desto hartnäckiger setzt er nach. Die Presse beginnt sich für diesen Hanswurst zu interessieren – immerhin spricht Juruna aus, was die Zeitungen nicht schreiben dürfen: daß die Regierung korrupt ist, dass die Abgeordneten Speichellecker sind und dass die Rechte der Indianer mit den Füßen getreten werden. Juruna kann als unmündiger Indianer nicht wegen übler Nachrede belangt werden; aber zitieren darf man ihn.

Mário Juruna, der Hofnarr. Er macht es den Medien leicht, er liefert genügend skurrile Geschichten. Juruna lässt sich im Taxi kreuz und quer durch Brasília fahren, und er steigt in den feinsten Hotels ab: die astronomische Rechnung geht auf das Konto der Indianerbehörde, denn die ist ja sein Vormund. Dort lässt er als seinen Beruf eintragen: „guerreiro" – „Krieger". Juruna fordert: „US-Indianer haben Autos. Warum gibt man unseren Indianern keine Autos?"

Als das Internationale Russel-Tribunal der Menschenrechte Mário 1980 nach Rotterdam einlädt, ist das wie ein Stich ins Wespennetz von Brasília. Die Militärregierung empört sich, dass Ausländer über Brasilien zu Gericht sitzen. „Brasilien ist ein souveräner Staat. Wenn diese Gringos von der Souveränität der Völker faseln, dann sollen sie unsere bitte auch zur Kenntnis nehmen", zürnt Innenminister Andreazza. „Der Indio ist nicht mündig; sein Vormund, also die Regierung, entscheidet über die Reise", sekundiert der Chef der Indianerbehörde, Oberst João Carlos Nobre da Veiga. Mário Juruna lässt sich davon nicht beeindrucken: „Die Regierung hat bloß Angst, ich erzähle in Rotterdam die Wahrheit."

Juruna fliegt doch nach Rotterdam. Die brasilianische Militärregierung kann es sich nicht leisten, die Reise zu verhindern; sie hätte eine weltweite Blamage riskiert. Weitsichtigen Leuten in der Regierung ist klar, dass damit ein Damm gebrochen ist. Mário Juruna hat sich über die den Indianern verordnete Unmündigkeit hinweggesetzt. Die Presse aber schildert genüßlich, wie er sich mit Anzug und Krawatte für die Welt der Weißen einkleidet. Mit Messer und Gabel essen kann er schon.

Von nun an prügelt man Mário Juruna nicht mit Spott und Tadel, sondern mit Lob und Schmeichelei. Das bekommt ihm schlecht. Denn er hält sich nun für wichtig. Daheim in seinem Dorf sieht man ihn nur noch selten, er kümmert sich kaum um die Familie mit Frau und zwölf Kindern, er hofiert in Rio de Janeiro eine „akkulturierte" Indianerin, Doralice, die er heiratet und die ihm zwei weitere Kinder schenkt.

In Rio de Janeiro hat Mário Juruna nun öfter zu tun. Dort agitiert ein Politiker, der den Militärs immer schon ein Dorn im Auge war: Leonel Brizola, der

Mann mit dem roten Halstuch, der vergeblich gegen den Militärputsch 1964 aufgerufen hatte und deshalb einige Jahre ins Exil gehen musste. Brizola ist allerdings mehr von sich selber überzeugt als vom „tropischen Sozialismus", den er predigt.

Leonel Brizola versteht mit seinen Tiraden gegen die Zinsknechtschaft und das ausländische Kapital, die Massen zu faszinieren. Doch auch die Boheme und die Intellektuellen Brasiliens jubeln ihm zu. Brizolas demagogischer Instinkt mag sich für Juruna interessiert haben – vielleicht hat den künftigen Gouverneur die geradezu geniale Art des Kaziken beeindruckt, mit dem Bandgerät die Gegner zu entlarven. Jedenfalls glaubt Brizola, sich und seine Partei mit einem Indianer schmücken zu müssen: Mário Juruna soll Abgeordneter werden.

32.000 Stimmen bekommt Mario Juruna in Rio de Janeiro, wo Indianer so exotisch wie Eisbären sind, – und das reicht. Er zieht als erster Indio in den Nationalkongress ein. Seine Jungfernrede will er in seiner Muttersprache, in der Sprache der Xavante, halten. Das politische Establishment reagiert hysterisch. Die Mikrofone stellt man ab, und die übrigen Abgeordneten drohen mit Ohrfeigen. Am liebsten hätte man dem Kaziken das Mandat entzogen. Die „Würde" des „Hohen Hauses" sei beschädigt worden. Offenbar war auch das Parlament nicht bereit, die Indios als mündige Bürger mit dem Recht auf eigene kulturelle Identität anzuerkennen.

Die Indianerfrage war nicht einfach mehr unter den Teppich zu kehren; dazu hatte Mário Juruna zuviel Wind gemacht – und im Ausland registrierte man die Vorgänge in Brasilien und in Amazonien genauer als zuvor – schon deshalb, weil nun auch ökologische Fragen immer wichtiger wurden.

Der Xavante beteiligte sich an der Umweltdebatte kaum. Sein immer gleiches Mantra war eigentlich nur: Die Bleichgesichter haben diese und jene Rechte – warum nicht wir Indianer auch? Und das bezog er auch auf sich selber. Die Parlamentskollegen hatten Dienstwohnungen und -autos und verlangten Vortragshonorare – warum er nicht auch?

Mário Juruna hatte die Debatte um die Gleichberechtigung der Indianer provoziert – aber hat sie nicht weitergeführt; das tun andere Kaziken wie Marcus Terena oder Megaron Matuktire. Für den Populisten Leonel Brizola und seine Parteigenossen hat Juruna seine Schuldigkeit getan, der Mohr kann gehen. Brizola lässt ihn fallen wie eine heiße Kartoffel. Ohne seine Unterstützung und die der Partei scheitert Jurunas Versuch einer Wiederwahl kläglich.

Von nun an schleicht der Ex-Abgeordnete um den Kongress in Brasília wie eine Katze um den heißen Brei; seinen Frust lässt er an der Indianerbehörde FUNAI aus, deren Präsident er am liebsten sein möchte. Er besteht darauf, in den Restaurants von Brasília kostenlos zu tafeln. 500 Jahre sei der Indio unterdrückt worden, da sei die Speisung wohl recht und billig. Juruna ist eben Juruna. Nach Namuncurá traut er sich nicht zurück – man würde ihn als Versager verhöhnen.

Ein Gnadenbrot als Bürobote im Parlament – das ist alles, was Mário Juruna noch erbetteln kann. Dort im Kongress setzt nun die große Verfassungsdebatte ein: die junge Demokratie braucht eine Magna Charta. Juruna hat keine Stimme, aber der Kazike betreibt seine eigene Lobby auf den Fluren des Hohen Hauses. Und wenn es sein muß, ruft er seine Xavante-Krieger, die mit Pfeil und Bogen und in voller Kriegsbemalung die Volksvertreter daran erinnern, dass es auch noch 300.000 indianische Bürger gibt, die Gerechtigkeit fordern.

Der Nationalkongress verabschiedet 1988 eine neue Verfassung. Sie macht keinen Unterschied mehr zwischen Brasilianern mit mehr und minderen Rechten. Im letzten Kapitel des brasilianischen Grundgesetzes wird ausdrücklich „die soziale Organisation der Indios, ihrer Gebräuche, Sprachen, Glauben, Traditionen und die originalen Rechte auf das Land, das sie traditionell in Besitz haben" anerkannt. Mário Juruna könnte zufrieden sein, wenn er nicht wüsste: Zwischen Wunsch und Wirklichkeit klaffen Welten. Weitab von den Gerichten und den Katastern gelten andere Gesetze.

Jedoch: Eine Grenzmarkierung der indianischen Lebensräume ist der erste Schritt, um den Ureinwohnern Land, Wasser und Luft zum Überleben zu sichern. Alle Regierungen in Brasília haben immer wieder beteuert, ihnen lägen die Indianer am Herzen, doch die Markierung und Sicherung von Schutzzonen und Reservaten ging sehr schleppend voran oder geschah erst auf Druck von internationalen Menschenrechtsorganisationen. Warum soll die Regierung einer kleinen, exotischen Minderheit Sonderrechte der Nutzung und Siedlung zugestehen – wenn immer noch 32 von 160 Millionen Brasilianer in bitterer Armut leben? Nach der Verfassung ständen elf Prozent des riesigen Landes nur 0,2 Prozent seiner Bewohner zu.

Solche Rechnungen werden in Brasilien immer wieder aufgemacht. Doch abgesehen davon, dass man schlecht die Existenz eines Waldindianers mit der eines urbanen Bettlers vergleichen kann: Wer gilt denn als Indianer, wie viele sind es, und wo leben sie? Schon diese Fragen lassen sich nicht exakt beantworten. Man vermutet, dass auf brasilianischem Territorium nicht mehr als 10.000 Indianer nach alter Väter Sitte leben, meist in kleinen Verbänden mit ein paar Dutzend, selten mehr als hundert Individuen. Sie können sich untereinander kaum verständigen – denn jeder Stamm hat seine eigene Sprache.

Mário Juruna hatte nie den Versuch unternommen, die brasilianischen Indianer auf eine Linie zu bringen – wem könnte das je gelingen? Dagegen versucht der füllig gewordene Kazike 1990 einen erneuten Anlauf, sich ins politische Spiel zu bringen; er kandidiert in Brasília für einen Sitz in der Abgeordnetenkammer. Gerade mal 700 Wähler stimmen für ihn.

Mit Mário Juruna ist kein Staat mehr zu machen. Seine Doralice lässt ihn sitzen. Zurück nach Namuncurá will der alte Kazike immer noch nicht. Aber die Miete kann er nicht mehr bezahlen, er zieht in ein billiges Fertighaus draußen in einer der Satellitenstädte, die sich wie Schmutzränder um Brasília gelegt haben. Er verkauft seinen alten Chevrolet, um seine Anwälte zu bezahlen, die ihm nicht weiterhelfen. Mario Juruna wird an der Seele krank, dann am ganzen Körper. Zuletzt ist er nur noch ein sabbelnder alter Mann, ein Wrack, ein Fall für die Notaufnahme.

„Fern von seinem Dorf dreht der Indio durch", hatte Mário Juruna einmal zu Protokoll gegeben.

Monument der vergangenen Zukunft

Über die Pioniere ist das harte Steppengras gewachsen. Über Padre Primo Scussolino beispielsweise, geboren 1906, gestorben 1960, begraben auf dem „Feld der Hoffnung" von Brasília. Auf der zerbrochenen Grabplatte steht kaum mehr lesbar geschrieben, er sei der „Wegbereiter des Glaubens" dieser Stadt gewesen, die damals nichts weiter als eine gigantische Baustelle inmitten einer menschenleeren Savanne war: Brasília.

21. April 1960: die Heerscharen der Reporter müssen unter dem klaren Sternenhimmel, die Staatsgäste in Wohnwagen kampieren. Die Ministerien noch Stahlskelette, nur Parlament und Präsidentenpalast sind rechtzeitig fertig geworden. Bischof Dom Helder Câmara hält die Mitternachtsmesse, 200.000 Menschen haben sich um das Holzkreuz versammelt. Präsident Juscelino Kubitschek hebt unter Tränen der Rührung an: „Von der Mitte dieser Hochebene, aus dieser Einsamkeit, die bald das Gehirn der nationalen Entscheidungen sein wird, werfe ich meinen Blick in die Zukunft des Landes und sehe die Morgenröte leuchten!"

In tausend Tagen hatten Bauarbeiter-Heere Brasília aus der roten Erde des Planalto gestampft. Geld spielte keine Rolle, man goss es in Beton. Mit den Baugruben in Brasília begann der Schuldenberg zu wachsen. „Candangos", Tagelöhner und Obdachlose aus den Hungergebieten des Nordostens, zogen in die künftige „Hauptstadt der Hoffnung". Wild-West-Städte wucherten neben den Fundamenten. Die Bauarbeiter, die eine Stadt für Minister, Diplomaten und Beamte gemauert hatten, weigerten sich, nach getaner Arbeit weiterzuziehen.

Um Brasília frei von diesem Volk zu halten, errichteten die Behörden hastig Trabantenstädte in weitem Abstand vom „Plano Piloto", dem Regierungssitz. Die Utopie einer schönen neuen Welt zerbrach bereits mit dem ersten Spatenstich. Für Bauarbeiter, Dienstboten und Schuhputzer war Brasília nicht gedacht.

Bereits in der Verfassung der ersten Republik (1889) stand geschrieben, dass „Brasília", die künftige Hauptstadt der Nation, irgendwo im „Planalto Central", der Hochebene im Hinterland, irgendwann zu errrichten sei. Papier ist geduldig, und erst als Präsidentschaftskandidat Juscelino Kubitschek den Bau einer neuen Hauptstadt zu seinem politischen Ziel erklärte, wurde es ernst.

1956 war die Zeit reif für solch einen Plan. Der Koloss Brasilien bestand bis dahin aus zwei separaten Landesteilen, die per Straße nicht miteinander verbunden waren. Wer von Manaus, Belém oder São Luis im Norden nach Rio de Janeiro, São Paulo oder Porto Alegre in den Süden reisen wollte, musste eine stürmische atlantische Schiffsreise unternehmen. Nur wenige trauten sich mit Maultierkarawanen oder Ochsenkarren auf eine Expedition durch das wilde Landesinnere. Nun sollte dort, mitten in der Steppe, Brasiliens neue Hauptstadt, die „Stadt des Dritten Jahrtausend" erblühen.

Vom Pathos der Stunde Null und der Demagogie des frisch gewählten Präsidenten Kubitschek ließen sich die Massen gerne hinreißen. Hinter den Kulissen aber lästerten die Politiker über die fixe Idee des Staatschefs. Früher oder später würde das Projekt „Brasília" ja doch in der Steppe versanden.

Militärs, Diplomaten, Politiker und Beamten glaubten immer noch, ihnen bliebe der Umzug erspart. Tartarenmeldungen aus der roten Wüste ließen das Schlimmste befürchten. Warum sollten ausgerechnet sie die schöne Wohnung an der Avenida Atlântica gegen einen Beamtensilo in Brasília tauschen? Die Aussicht, an das Ende der Welt ziehen zu müssen, war einfach grauenvoll.

Neunzehn Senatoren, die sich von den „unmenschlichen" Zuständen in Brasília überzeugt hatten, versuchten in Rio de Janeiro einen „Gegensenat" aufrechtzuerhalten. Aber Präsident Kubitschek hatte bereits die Diätenkasse nach Brasília ausgelagert; so brach der Aufstand rasch zusammen.

Brasília blieb eine „Zumutung": Flimmernde Hitze, gnadenlose Trockenheit und stickiger Staub im Winter; Dauerregen und Schlamm im Sommer. Küche und Kultur auf dem Niveau der Bauarbeiter. Trostloser mochte keine Stadt sein. Nur wenige ergriffen die Chance, fingen neu an oder starteten durch zu Blitzkarrieren. Einige Bauunternehmer, Autohändler, Architekten, Spediteure und Immobilienmakler machten das Geschäft ihres Lebens. Aus den Familien dieser Pioniere wuchs eine einflussreiche Kaste der Neureichen. Aber auch wer als kleiner Beamte damals auf Brasília setzte, konnte den Grundstock für ein Vermögen legen. Vater Staat tat alles, um die Planstellen in der neuen Hauptstadt zu vergolden.

Die Stadt hat ihre eigene Magie. Die Luft scheint vor Klarheit zu knistern. Als verlorenes Riesen-Spielzeug zeichnen sich Bauklötze und Steinkrümel am Horizont ab. Krüppelbäume und Reklameschilder wischen vorbei, Tafeln mit Geheimcodes weisen den Weg durch die Steppe. Wie ein riesiges Raumschiff liegt Brasília unter dem tiefblauen Himmel des Planalto. Transportbänder, Wohnsilos, Grünzonen, Tangenten und Parallelen sind die Elemente dieser Stadt. Yuri Gagarin, der erste Kosmonaut, soll gesagt haben, er fühle sich in Brasília eher auf einem Stern denn auf der heimatlichen Erde.

Alles, was sonst zu einer Stadt gehört, fehlt in Brasília. Es gibt weder Plätze, Straßen, Ecken, Winkel, Promenaden noch Geschiebe und Gedränge, Lärm und Leben, Kneipen und Gassen. Brasília sollte radikal anders sein. Die Architekten der neuen Hauptstadt, Oscar Niemeyer und Lúcio Costa, wollten eine Utopie errichten, eine Metropole von Licht, Luft und Sonne, klar wie ein Kristall, logisch wie eine Gleichung, funktionell wie eine Maschine, sauber wie ein Klinikraum. Als der damalige Präsident Polens, Lech Walesa, zum Staatsbesuch in Brasilien weilte, scherzte er, Rio de Janeiro hätte ihm gut gefallen, doch Brasília habe ihn unangenehm an die sozialistischen Plattenbauten daheim erinnert. Welch eine Denkmalschändung!

Oscar Niemeyer und Lúcio Costa waren bei Le Corbusier in die Schule gegangen. Der Frankoschweizer hatte in den zwanziger Jahren schon den Abriss von Paris gefordert und Skizzen für eine „funktionelle Stadt" mit Wohnmaschinen und Transportbändern vorgeschlagen. In seinem Werk „Urbanisme" hatte er gegen den „krummen Gang des Esels" und gegen die traditionellen, vom Mittelalter geprägten Städte polemisiert. Le Corbusier war der Wortführer einer neuen Architektengeneration, die mit dem „Manifest von Athen" die Stadt als Maschine für einen neuen Menschen verherrlichte; er glaubte nacheinander bei den Kommunisten in Moskau und bei den Faschisten in Rom Sympathien und Auftraggeber zu finden. Oscar Niemeyer hat sowohl im Detail wie in der Gesamtkonzeption die Ideen von Le Corbusier entfaltet. Er ergriff beherzt die Chance, eine gesellschaftliche Utopie in Beton zu gießen.

Der Daseinszweck Brasílias ist die Verwaltung. Der funktionellen Monotonie entspricht die Eintönigkeit der „Insel der Seligen", wie die Hauptstadt ironisch bezeichnet wird. Botschaften, Ministerien, Behörden, Bürokratensilos, pompöse Regierungspaläste: Man bleibt unter sich. Die Offiziere, die Beamten, die Diplomaten und die Abgeordneten, die von Dienstag bis Donnerstags per Jet einfallen.

Vierzig Jahre nach ihrer Errichtung bekommt die „Stadt des Dritten Jahrtausend" langsam Runzeln. In der Regenzeit tropft es von den Decken, Beton bröckelt ab, Risse tun sich auf. Nach jedem Gewitter stehen die Pisten unter Wasser. Mit Brasília ist kein Staat mehr zu machen, es ist ein Monument der vergangenen Zukunft: so wie Brasília sollten einmal alle Städte gebaut werden, dachten die Planer in Ost und West während der fünfziger Jahre. Modern, fortschrittlich, gerade, funktionell und ohne Parkplatzsorgen – grenzenlos. Endlich eine bessere Welt! Die Vereinten Nationen haben Brasília deshalb unter Denkmalschutz gestellt.

Es mag genügen, sich 24 Stunden in der Hauptstadt umzusehen, um das Gesamtkunstwerk zu bewundern. Der Grundriss der Stadt gleicht einem Flugzeug: Die Pilotenkanzel ist der Kongress, die erste Klasse beanspruchen die Ministerien, Touristenklasse: Hotelsektor Süd und Nord. Die Flügel Asa Norte/Sul links und rechts, durchzogen vom Hauptholm, dem Eixo Central. Al-

les schön spiegelsymmetrisch, ausbalanciert, anonym. Die Stadt trägt keine Namen, nur Ziffern wie SQS, SHN, SMPW, SEN, SRP und so weiter. „S" steht für Sektor, und die ganze Stadt ist in „Setores", „Superquadras" und „Blocos" aufgeteilt. Doch die Trampelpfade quer über die weiten Flächen zeigen, dass sich Menschen nicht so leicht in einen Plan zwängen lassen.
Brasília, der Traum der Bürokraten, wird von der Wirklichkeit eingeholt. Der Hundefriedhof: war der auf dem Reißbrett vorgesehen? Oder der „Paraguay"-Markt geschmuggelter Importwaren, den die Polizei bei Nacht und Nebel aus dem Vorfeld des zentralen Busbahnhofs räumen ließ? Die Hökerer und Händler sind nun an die Peripherie gezogen - und dort hat sich der „Freimarkt" mit behördlicher Genehmigung zu einem fußballfeldgroßen Bazar unter freiem Himmel ausgebreitet.
Der „Invasores", der unerwünschten Zuzügler, musste sich Brasília von Anfang an erwehren. Bereits bei der Einweihung der neuen Hauptstadt hausten im Regierungsdistrikt mehr Menschen in Favelas als in Niemeyers Wohnmaschinen. Mal versuchten die Behörden, die Immigranten zurückzuschicken, mal in hastig planierten, unendlich monotonen Trabantensiedlungen zu binden. Ohne Licht und Wasser, aber mit dem Titel über einen winzigen Fleck Erde: mit solchen „Geschenken" gewannen die Gouverneure ihre Wahlen. Dass die Menschen, die dort hausen, rund ein Drittel ihres schmalen Einkommens für den Transport zur Arbeit in der Hauptstadt ausgeben müssen, steht auf einem anderen Blatt.
Brasília - oder der Plano Piloto - und die Trabantenstädte, die Namen tragen wie Ceilândia, Sambambaia und Taguatinga, sie sind ein getreues Abbild der brasilianischen Gesellschaft von wenigen Privilegierten und der Masse der Ausgeschlossenen. „Urbane Apartheid" nennen das die Soziologen an der Universität der Hauptstadt (die im ursprünglichen Plan auch nicht vorgesehen war; die Studenten hätten ja beim Regieren stören können).
Der Abstand zwischen den Barackenfeldern und der stolzen Hauptstadt wird immer kürzer. Die mittellosen Immigranten, die nach Brasília gezogen sind, in der Hoffnung, ihren bescheidenen Teil vom großen Topf abzubekommen, übertreffen in ihrer Zahl doppelt und dreifach alle die Glücklichen, die eine feste Planstelle auf der „Insel der Seligen" besetzen. Die Utopie der sozialen Morgenröte, von der ihre Erbauer träumten, ist längst zerbrochen. Dafür haben sich am Rande der Hauptstadt zahlreiche apokalyptische Sekten niedergelassen. In Brasília werden regelmäßig mehr Ufos gesichtet als sonstwo auf diesem Planeten.
Das „Feld der Hoffnung" aber ist fast voll. 135.000 Tote ruhen auf dem Friedhof des Plano Piloto - die Lebenden sind gerade mal doppelt so zahlreich. Den

Ersten, den sie hier begruben, hat man 1960 im Sektor A, Quadra 101, Grab 1 bestattet. Das letzte Grabquadrat wird die Bezeichnung Sektor C, Quadra 916, Nummer 20, haben und wurde zur Jahrtausendwende belegt. In Brasília sind selbst die Toten noch Objekte planerischen Wahns.

Rio de Janeiro still und leise

Seit sie das Casino geschlossen haben, in dem Josephine Baker tanzte und Carmen Miranda sang, sind die Uhren von Urca stehengeblieben. Pyjama-Generale von der obersten Kriegsschule, mittlere Chargen aus den Telenovelas, Zollinspektoren und Amtmänner, Apotheker und Schneidermeister wohnen in diesem Dorf mit ihren Schwiegermüttern, Weibern, Kindern und Katzen. Eine einzige Straße führt hinein und wieder heraus, am Polizeihäuschen vorbei und am Briefkasten der Bürgerinitiative.

Avenida Portugal: das glitzernde Rio jenseits der Bucht zur Linken, die Art-Déco-Villen zur Rechten. Unterhalb der Uferbalustrade hocken Reiher und Muschelsucher, und vor dem Tor des alten Forts fischen die Angler. An guten Tagen holen sie da armlange Schwertfische aus dem Wasser, an schlechten die verrosteten Bierdosen der Busfahrer, die dort ihren Pausenschwatz halten. Mittags ziehen die Dienstmädchen mit den Kindern der Madame an den Strand und gießen ihre Schokoladenformen in den Sand. Freitags in der Nacht wummert das Tam-Tam der Macumba-Jünger. Am nächsten Morgen kommt die Müllabfuhr und kehrt die Kerzen weg. Das ist übrigens genau dort, wo die Portugiesen zum ersten Mal ihre Karavellen anlandeten und Biwak bezogen. Sie errichteten auf dem „Hundekopfhügel" die „St. Johannes-Festung" und auf dem gegenüberliegenden Ufer der Meeresenge ein weiteres Fort. Jetzt bewachen die Soldaten nur noch die oberste Kriegsakademie und einen blitzblanken, menschenleeren Strand hinter den Festungsmauern.

18 Straßen, drei Plätze, vier Kneipen, eine Kirche, im 10.000-Seelen-Nest am Fuß des Zuckerhutes spielen die Kinder unbeaufsichtigt auf der Straße, trifft man sich auf dem Sonntagsmarkt oder am Hafenbecken, hockt sich auf das Mäuerchen, lässt sich aus der „Garota da Urca" ein Bierchen herüberbringen und schaut versonnen den Brummern nach, die in elegantem Bogen über Flamengo hereinkommen, vor dem Zuckerhut abbiegen und dann über dem Wasser zur Landung in Santos Dumont ansetzen, dem Luftbrücken-Terminal nach São Paolo. Längst wollten Immobilienhaie ihre Wohnwaben in Urca verankern – aber die Bewohner verkaufen nicht, ziehen nicht weg, sondern vererben ihre Häuschen an die Kinder und Enkelkinder und bleiben lieber unter sich. „Wir hatten ja damals das Casino, und nun wollen wir unsere Ruhe haben", sagen sie. Urca ist ein Kleinbürgeridyll mit Blick über die Bucht in seinem Windschatten, mit breiten Avenidas und dem Marinekommando, der alten Universität, der Blindenanstalt und dem Yachtclub auf der Lee-Seite des Zuckerhutes. Den Granit-Phallus und Ta-

lisman von Rio kann man auch im Schweisse seines Angesichts mit eigener Kraft besteigen. Der Kletterpfad für Sportsfreunde mit Schwindelfreiheit und mit Seil beginnt bei Null auf Meereshöhe. Unten donnert die Brandung gegen die Klippen und oben lachen die Dohlen. Von der Terrasse des Clube Militar lassen sich die Nixen und Najaden auf dem roten Sand bewundern. Das lärmende Rio liegt hinter den Bergen, fünf Taximinuten weit.

Vergangenheit passé, die Zukunft ungewiss, morgen ist auch noch ein Tag, doch heute will ich leben! Das ist die Philosophie der Bewohner von Rio. Gehen wir ein paar Schritte hinüber auf die Praça Floriano, setzen uns ins „Amarelinho" und hören zu, was die Leute ratschen. „Gott heilt, aber der Arzt schickt die Rechnung"; „Wenn der Arme auf Fleisch beißt, ist es seine Zunge"; „Die Weihnachtsgans stirbt erst zu Heilig Abend"; „Glaube an Gott – aber nicht an Abgeordnete" – das sind so die Sprüche. Oh, wie kann man sich über die Korruption aufregen; alles ist faul im Staat, Lug und Betrug, wohin man sieht, selbst beim Fußball gelten nicht mehr die alten Regeln. Du musst Beziehungen haben, die richtigen Freunde am richtigen Platz, eine Hand wäscht die andere. Sempre dá um jeito, es gibt immer einen Kniff. Der Außendienst geht nahtlos in den Feierabend über, die „dienstlichen Besprechungen" landen unweigerlich am Tresen. Dem „malandro", dem schweijkschen Schlitzohr, dem heiteren Tunichtgut, dem hartnäckigen Schwarzarbeiter, der sich mit List und Tücke durch das Leben schlägt und eine blühende Phantasie bei der Umgehung von Stress entwickelt, gebührt ein Denkmal in dieser Stadt. Stattdessen bevölkern Reitergenerale, Präsidenten und Regenten die Plätze des Zentrums, die Fassaden der Paläste, die Foyers der alten Ministerien.

Mindestens dreimal ist Rio de Janeiro völlig umgekrempelt worden. Aus der Kolonialepoche sind nur noch ein halbes Dutzend Kirchen und Klöster übriggeblieben. Mit der Unabhängigkeit Brasiliens beginnt das goldene Zeitalter der Hafenstadt. Paris wird das architektonische Vorbild: Theater, Kunstmuseum, Nationalbibliothek, der Gouverneurspalast, die Ingenieurschule, der Botanische Garten, das Hygieneinstitut, das alte Außenministerium – die neoklassischen, neogotischen und klassizistischen Prachtbauten aus dem 19. Jahrhundert und der Jahrhundertwende – palmenumflorte Zeugen der Gründerjahre. Man sollte sich einfach in die „Confeitaria Colombo" setzen zu einem „Café Colonial" mit Toasts und Marmelade oder einer Portion „Romeo und Julieta", Minas-Käse und Guavengelee, und beim sanften Pianoschauer à la Chopin die Reise in die Kaiserzeit antreten. Draußen auf den Gassen ist um die Mittagszeit kein Durchkommen mehr, das Pack der schreienden Wegelagerer, Bettler und Händler, der Schuhputz-Jungen und diskreten Taschendiebe, der Rinnsteinfabrikanten und Wunderheiler verquirlt mit den Schwärmen heiratsfähiger Sekretärinnen, fescher Bürohengste und alter Amtsschimmel, die die „Lanchonetes" stürmen. Um diese Zeit ist auch die „Bar Luiz" in der Rua da Carioca überfüllt – da fließt das beste Bier von Rio frisch vom Fass, blond oder braun, mit Sauerkraut, Roastbeef, Knacker oder Kassler und grauslich grünem Senf. „Bar Adolf" nannte sich das Lokal der Altstadt-Boheme, bis es um 1940 ratsamer erschien, einen anderen Namen zu wählen.

Nicht weit vom Trubel des Stadtkerns grüßt wie eine Zinnsoldaten-Burg das kaiserliche Zollhaus auf der „Schlangeninsel", wo noch heute die Fährschiffe vom „Cais Pharoux" ablegen und hinaus in die Bucht fahren. Türme, Erker und Dächer der Altstadt und selbst die Hochhäuser an der Avenida Rio Branco schrumpfen zu Spielzeugkram, Strandgut, zu weißen Krümeln an der Uferlinie, aus der sich die rundlichen Körper und Kuppen der Berge in den azurnen Himmel recken. Rio de Janeiro: Meerschaum um die Hüften auftauchender Nixen – stocknüchterne Nordländer ließen sich zu solchen Vergleichen hinreißen.

Das Volk an Deck starrt in den Fernseher oder ist in den Halbschlaf der Walkman-Hypnose versunken. Nur die Bier- und Bisquit-Verkäufer kreisen wie Schäferhunde unermüdlich um die träge Herde, die sich auf den Holzbänken fläzt. Das Boot passiert die Brücke von Niterói und ein ganzes Rudel Frachtschiffe, die auf Reede liegen. Wie Wale tauchen Granitbuckel aus dem Wasserspiegel auf, vorzügliche Denkmalsockel der Fischreiher. Fregattvögel stürzen sich lustvoll in das Kielwasser, und Tümmler spielen backbord voraus. Nach einer Stunde Fahrt sind die bizarren Gipfel des „Orgelpfeifen-Gebirges" ein Stück nähergerückt und die Palmen der Insel bereits auszumachen. Im weiten Bogen läuft die Fähre um das Kap und steuert auf die Pier von Paquetá zu.

Es duftet nach Pferdeäpfeln. „Die kleine oder die große Tour?", fragt „Zé José" und schwingt sich peitschenknallend auf den Bock. Seine magere „Maria" schnaubt unwillig und trabt doch los. Die Zikaden haben ihre Mopedmotoren angeworfen, der Duft von Bougainvilla und Flamboyants betört die Sinne, die Räder mahlen ruhig im Sand, wir umrunden die „Insel der Liebenden", Schauplatz einer Romanze des letzten Jahrhunderts. Paquetá galt damals als vornehm. Man hatte hier seine Sommervilla. Bis das Baden in offener See zur Mode wurde und die Straßenbahn zur Copacabana fuhr. Mit Paquetá ist kein großer Staat mehr zu machen. Strandbuggies und Surfbretter müssen zu Hause bleiben, nicht einmal mit dem Taxi kommt man hin. Aus ein paar Privatpensionen, Fischerkneipen und totaler Ruhe in der Hängematte besteht das Angebot. „Hier können Familien Kaffee kochen" – ein wenig Wannsee-Bad-Gekribbel rollt am Sonntag mit der Fähre an, mit Kind und Kegel aus den Vorstädten, den Rotznasen, den

Walrossmüttern und den Sambalöwen. Bald kehrt die Stille wieder ein, und nur noch das Gekrächze der Araras stört den süßen Schlummer bis zum nächsten Wochenende. Ein Quadratkilometer Frieden; träge Schwätzchen unter den Kasuarinen, Lustwandeln im Schatten der Flaschenbäume, Strandpromenade, Kutschenfahrt, einen Drahtesel mieten, um die Insel paddeln, die Angel ins Wasser hängen, den Farbkasten herausholen und versuchen, das Blätterdach, die Blütenpracht, die grauen Granitbuckel mit den weißen Reihern zu aquarellieren. Die Türen stehen offen, die Wäsche flattert im Wind. Der Dorfgendarm kann ruhig schlafen. Zeit für eine Caipirinha. Mit Cachaça, mit Pinga natürlich, dem Schnaps aus Zuckerrohr und mit frischen Limonen. Auch für Zé José; für seine wiehernde Maria nicht.
„Ehrwürdiges Rio, ewiges Rio
Ozean-Rio, Freund-Rio
Geht die Regierung? Soll sie doch!
Du bleibst und ich mit Dir."
Carlos Drummond de Andrade, ein Poet aus Minas Gerais, hat diese Ode auf Rio geschrieben. Die Fabriken stehen in São Paulo, die Regierung ging nach Brasília. Aber die Seele Brasiliens wohnt immer noch in Rio de Janeiro, sagen die Cariocas, und die übrigen Brasilianer gestehen es ihnen neidlos zu. Elend und Reichtum haben tiefe Wunden in diese Seele geschlagen. Hinter dem Rücken des segnenden Christus, jenseits der Berge in der „Baixada Fluminense", wuchert Südamerikas größter Slum. Wenige Meter von den noblen Fassaden der Copacabana entfernt nistet die Armut in menschlichen Schwalbennestern, die man Favelas nennt. Die Reichen verließen Glória, Flamengo, Santa Teresa, Laranjeiras und Botafogo, zogen an die Copacabana, flüchteten nach Ipanema, Leblon, Gávea, São Conrado und schließlich an die Barra. Jetzt residieren sie in ihren Luxusgefängnissen am Strand, vor sich das Meer, im Nacken die Angst. Sie haben Rio de Janeiro aufgegeben, wenn sie es je geliebt haben sollten. Aber am Rande der Immobiliengoldgruben gedeihen die Favelas besonders gut. Woher sollen die Pförtner, Chauffeure, Köche und Kindermädchen, Schuhputzer, Gärtner, Hundepfleger, Wäscherinnen und Putzfrauen denn kommen? Nur das Meer ist für alle da. Wenn es die Strände nicht gäbe, wäre Rio de Janeiro vermutlich schon an seinen harten sozialen Problemen zerbrochen. Wenigstens im Sonnenschein sind alle Menschen gleich und Badebrüder.
Vor dem „Rio Palace Hotel", gleich neben dem alten Fort von Copacabana, spielen die Rentner im Schatten der Bäume Schach. Sie haben sich Bänke und Tische zusammengeschoben und einen eignen Bierausschank organisiert. Der Höllenlärm auf der Avenida Atlântica scheint die Alten nicht zu stören. Jenseits der

Straße, unten am Strand, liegen Fischerboote vertäut. Unter einer Baumwurzel versteckt ist der Altar für Yemanjá, die Macumba-Göttin des Meeres, gedeckt. Welcher Tourist aus den teuren Hotels bemerkt das schon? Wer beobachtet die Fregattvögel, die neben den Surfern im Sturzflug in die Wogen tauchen? Wer sieht die kleinen Siri-Krebse, die nachts aus ihren Katakomben huschen? Sehen es die Liebespaare im Sand? Sehen es die zerlumpten Kinder, die sich wie Katzen unter einem Baum zusammengerollt haben? Es ist spät geworden. Die Brandung trägt die Sorgen davon und wäscht die Seele Rios täglich neu.

Rote Fahnen der Fata Morgana

Ein Menschenwurm zieht schweigend über den Asphalt der Landstraße. Nur das Trappeln und Schlurfen der Gummisandalen und Stiefel und das Gemurmel der Marschierer bricht die Stille. Über ihren Strohhüten flattern rote Fahnen. Es mögen noch 200 Kilometer bis Brasília sein.

Der Planalto, die Steppe im Herzen Brasiliens, dehnt sich vor den müden Augen der Pilger wie ein weites, rostbraunes Meer. Land, so weit das Auge reicht. Land, das anderen gehört: Dornige Weiden, auf denen Buckelrinder verloren zwischen Termitenhügeln stehen; Ödland, durch das sich Trampelpfade zu verlassenen Erdhütten schlängeln; Buschwerk von Krüppelbäumen und Hornissennestern; schließlich die schnurgeraden Furchen und fettgrünen Felder der Soja-Plantagen, deren kirchturmhohen Silos in der Sonne gleißen wie die Feldzeichen einer außerirdischen Zivilisation.

Sie sind vor drei Wochen an einem Montag in São Paulo aufgebrochen, sechshundert waren sie anfangs. Die Kinder und die Kartons, die Säcke und Zelte haben sie auf einen Lastwagen geladen. Kampiert haben sie am Rande der Straße, dort, wo ihnen die Ordner die Plätze zugewiesen haben. Die kalten Nächte haben sie mit Liedern zur Gitarre und heißem Mate-Tee ertragen. Kein Schnaps, kein Geschmuse mit den Mädchen, keine Extratouren. Wer nicht spurt, der muß nach Hause gehen – nach Hause, wohin? Die meisten haben ja nur das, was sie tragen können.

Unter den Spruchbändern der Landlosen-Bewegung werden sie in die futuristische Hauptstadt einziehen und das fordern, was sie als ihr Recht beanspruchen: Land. „Land zum pflügen, Land zum pflanzen, Land zum leben!" Und es wird keine Macht der Welt geben, die sie daran hindert, ihr Recht durchzusetzen. Das haben die Führer des „Movimento Sem Terra" (MST), der Landlosen-Bewegung, versprochen.

Einer dieser Führer ist João Pedro Stédile. Man muß schon Glück haben, ihn im Büro der Landlosen-Bewegung zu erwischen, einem muffigen Trakt am Ende eines dunklen Ganges durch die Akademie der Dominikaner von São Paulo. Stédile hält es nicht am Schreibtisch, er hetzt von einer Versammlung zur anderen, mal taucht er in seiner Heimat im Süden auf, mal eilt er zur jüngsten Landbesetzung im Hinterland der Metropole, am anderen Tag spricht er schon zu seinen Leuten in Amazonien. Der ruhelose Geist des „Movimento Sem Terra" ist aber, wenn das Handy nicht gerade klingelt und er grob werden muss, ein Gemütsmensch. Das signalisieren schon sein stämmiger Leib und der rotgraue Backenbart, der seinen gelichteten Quadratschädel einrahmt.

Er gleicht ein wenig Martin Luther. Ist es die drastische Art, mit er der die Regierung und die Großagrarier beschimpft oder ist es die kompromisslose Haltung „Hier stehe ich und kann nicht anders"?. Das macht ihn zum Erzfeind der Landbesitzer, die die nackte Angst ergreift, wenn dieser Kerl seinem zerlumptem Heer befiehlt, die Zäune niederzureißen.

Die Kalebasse mit dem Mate-Tee darf ihm nicht fehlen, João Pedro Stédile ist ein „Gaucho", ein Mann aus Rio Grande do Sul, kein Zweifel. Sein Vater, ein italienischer Einwanderer, bewirtschaftete ein Stückchen Land dort unten in Lagoa Vermelha. Es hatte kaum gereicht, um die siebenköpfige Familie durchzubringen. Der zweitälteste Sohn hatte mehr Glück als die barfüßigen Kinder der Nachbarn, denn er konnte zur Schule gehen. Mit Gelegenheitsarbeiten schlug sich João Pedro durch und schaffte als Seminarist der Kirche sogar den Sprung auf die Universität von Porto Alegre. Selbst ein Gastsemester in Mexiko fiel ihm zu, und nach der Rückkehr in die Heimat brauchten sie ihn, den Volkswirt, bei der Landwirtschaftskammer und in der Pastoralkommission. Stédile kümmerte sich um die Genossenschaften, er wußte ja aus dem eigenen Leben, wie durch die Erbteilung und das Vordringen der Agroindustrie die Häusler und Krauter von der Scholle verdrängt wurden und dann als billige Tagelöhner ihr Auskommen suchen mussten.

Die Zeit war reif, nicht mehr alles ohne Widerspruch hinzunehmen, die Militärregierung war am Ende, die Arbeiter von São Paulo gingen auf die Straße. Waren das Land und die Menschen, die es pflügten, denn nur noch Verfügungsmasse für die „da oben"? Im Januar 1984 versammeln sich die Tagelöhner und Saisonarbeiter aus dem Süden Brasiliens und gründen die „Bewegung der Landlosen". Sie fordern: Land nur in die Hände derer, die es bearbeiten! Kampf für eine Gesellschaft ohne Ausbeutung! Enteignung des Großgrundbesitzes und der multinationalen Konzerne!

In den Metropolen achtet man auf die Rufe der protestierenden Landleute nicht. Erst als sie die ersten Latifundien besetzen, deren Herren gewöhnlich nur zwei, drei mal im Jahr einfliegen, um nach dem Rechten zu sehen, rufen die Honoratioren nach der Polizei. Hatte man denn nicht, nur wenige Jahre zuvor, Amazonien für alle, die Land suchten, zur Eroberung freigegeben? Reichte das nicht?

Amazonien: Rurópolis Presidente Medici – vorfabrizierte Holzhütten und Armeebaracken, von denen die Farbe blättert, ein Telefonposten, eine Schule, zwei, drei Bretterbuden, in deren Schatten Köter dösen. Schlapp hängt die brasilianische Flagge vom Mast, darunter ruht im Gras ein Betonblock mit einer Bronzetafel – Grundstein und Grabmal der Transamazônica.

27. September 1972, das halbe Kabinett ist aus Brasília eingeflogen. Präsident General Emílio Garrastazu Medici schreitet die Front ab. „Gigant durch die Gnade der Natur, prächtig, kräftig, unbesiegbar, die Zukunft gehört Dir, wunderbare Erde, Brasilien, geliebtes Vaterland, sanfte Erdenmutter starker Söhne, Brasil!" Die Nationalhymne verklingt, und der Präsident hält eine Ansprache an das Volk. Von hier aus werde Brasilien zu einer großen Nation zusammenwachsen, die Straße des Fortschritts, eine Rollbahn der Erschließung mitten durch die Grüne Hölle, sie werde Menschen ohne Land in ein Land ohne Menschen bringen und ihnen den Weg bereiten für ein würdiges Leben.

Ein, zwei Jahre gehen ins Land, da dämmert den Siedlern, dass sie ihre Hoffnung buchstäblich auf Sand gebaut haben. Die nackte Erde verwandelt sich nach dem Regen in einen Morast, und dieser erstarrt unter der sengenden Sonne zu steinharter Kruste. Ohne das schützende Blätterdach laugt der Boden schnell aus und verdorrt in der Hitze: Hunger!

Der Traum vom Lebensraum vergeht zu Asche. Spekulanten, Konzerne und Desperados plündern nun die „Schatzkammer" Amazonien. Ein Heer von Bettlern folgt den Motorsägen und Bulldozern. Das große Glück finden sie nicht, höchstens einen schmalen Streifen am Pistenrand. Diese Halbnomaden, die auf der mageren Erde von der Hand in den Mund leben, werden den neuen Latifundisten ein Dorn im Auge. Anfangs hatte man sie noch zum Roden gebraucht, aber jetzt sollen sie gefälligst verschwinden. Doch die Häusler denken nicht daran. Sie krallen sich auf dem Land fest. Wenn Drohungen und Einschüchterungen nichts nützen, schicken die Landeigentümer „Pistoleiros" vor. So ist das Drehbuch verfasst, nachdem im Wilden Westen Brasiliens die Landkonflikte ausgetragen werden. Das schlimmste Massaker ereignete sich am 17. April 1997 im Süden des Amazonasstaates Pará. Unter dem Kommando des Oberst Pantoja exekutierten Militärpolizisten neunzehn Anhänger der Landlosen-Bewegung, die eine Straße blockiert hatten. Zufällig hatte das jemand mit der Video-Kamera aufgenommen.

Seit 1980 sind in Brasilien weit über 1.000 Menschen in Konflikten um Grund und Boden ums Leben gekommen: Kinder, Frauen, Greise, vor allem aber Führer der Landarbeiter und Mitarbeiter der katholischen Kirche, die sich für die Rechte der Armen einsetzt. Die wenigsten Verbrechen sind bislang vollständig aufgeklärt worden. Wenn die Polizei Nachforschungen anstellt, stößt sie auf eine Mauer des Schweigens. Die Landarbeiter haben Angst vor den Mörderbanden; die Provinzpolitiker stecken oft unter einer Decke mit den Auftraggebern. „Straffrei töten", so nennt die angesehene Menschenrechtsorganisation amnesty international ihre Untersuchung über die Landkonflikte Brasiliens.

„Ohne eine wirkliche Landreform wird Brasilien zum Pulverfass", warnt Kardinal Paulo Evaristo Arns. Landreform! Alle Präsidenten schwören, sie endlich durchzuführen. Allein der Nordosten könne leicht die ganze Nation ernähren, wenn man – so wie in Israel oder Kalifornien – das Land gerechter verteile, bewässere und bewirtschafte. Das haben Experten ausgerechnet. Landreform? Land für Diebe und Taugenichtse? Soll uns noch das letzte Hemd genommen werden? zetern hingegen die Viehbarone und Herren der Zuckerplantagen.

Die Statistik vermeldet hohe Hektarerträge, gewaltige Exportüberschüsse, Landerschließung bis an die letzten Grenzen – darauf ist man in Brasília stolz. Die Schattenseiten der Agrar-Industrialisierung verschweigt man lieber: Die Proletarisierung der Landbevölkerung, die Flucht in die Städte, die Zerstörung des Regenwaldes. „Cash-crops", Futtermittel aus Soja, Treibstoff aus Zuckerrohr, Orangensaft oder Bohnenkaffee füllen zwar die Kassen der Agroindustrie, aber nicht die Mägen der Brasilianer. Die Produktion von Mais, Bohnen und Reis geht stetig zurück, Brasilien muss einen großen Teil seiner aus „cash-crops" erwirtschafteten Devisen für die Einfuhr von Nahrungsmitteln verwenden. Die Agrarpolitik funktioniert wie eine Erntemaschine, die den Ertrag von vielen Menschen auf immer weniger, immer größere Haufen schaufelt.

Unter allen lateinamerikanischen Ländern hat das größte, Brasilien, die ungerechteste Verteilung von Geld und Gütern. Beim Landbesitz fällt das besonders ins Auge: die Hälfte aller Landeigner beackern zusammen nur zwei Prozent des Bodens, aber ein Prozent aller Grundeigentümer verfügt über die Hälfte der landwirtschaftlichen Nutzfläche. Zu diesen Landlords zählen zum Beispiel Erico Ribeiro, der größte Reisfarmer der Welt, Domingo de Lima, ihm gehören 25 Fazendas und 7.400 Stück Vieh, Sueo Matsubara, Herr über 40.000 Rinder, oder Helmut Rieger aus Bahia, er verarbeitet allein zehn Prozent der Tomatenernte – und nicht zu vergessen: Olacyr de Moraes, mit 160.000 Hektar Land der ungekrönte Sojakönig Brasiliens. Viele Millionen Hektar Grund und Boden befinden sich in ihren Händen – und einige Milliarden Dollar Steuerschulden auch. Die größten Latifundisten schulden dem Staat die dicksten Batzen; erst kürzlich hat die Regierung just diesen Leuten sieben Milliarden Dollar Schulden erlassen.

Ist das gerecht? Brasiliens Ex-Minister für Agrarreform findet das nicht. Für ihn, Raul Jungmann, steht am Anfang einer Agrarreform eine gerechte Bodensteuer, die auch eingetrieben wird. „Die geltende Bodensteuer ist eine Heuchelei – die großen Unternehmen bezahlen so gut wie nichts!" Deshalb hatte er ein Gesetz eingebracht, das erstens die Enteignung unproduktiver Ländereien erleichtert und zweitens die Bodensteuer für große Latifundien verdoppelt. Irgendwo muss der Entwurf noch schlummern.

„Die Verfassung, Artikel 184, erklärt doch klar und einfach: Die Bundesregierung ist berechtigt, im sozialen Interesse und zur Durchführung der Agrarreform Landbesitz, der seine soziale Aufgabe nicht erfüllt, gegen Entschädigung zu enteignen. Ausgenommen sind kleine Einheiten und Güter, die ökonomisch produktiv sind. An die Verfassung müssen sich alle halten." Raul Jungmann, der Legalist. 1990 lief der bärtige Advokat aus Pernambuco noch mit dem roten Buch der kommunistischen Partei über den Campus. Dann wurde er Minister für Landreform.

Was Raul Jungmann als Anwalt gutheißen durfte, musste er als Minister ablehnen: Die Landbesetzungen des „Movimento Sem Terra" brechen das Gesetz, die Enteignung kann nicht mit Gewalt, sondern nur durch ein ordentliches Rechtsverfahren erfolgen (was Jahre dauert). Mit João Pedro Stédile und den MST-Führern hatte Jungmann erst wieder reden wollen, „wenn sie bereit gewesen wären, auf die illegalen Landbsetzungen zu verzichten." Abenteurer und Desperados gibt es in der Landlosen-Bewegung genug, gerade in Amazonien, wo viele ihrer Kader eher aus dem Goldgräberlager denn vom Bauernhof stammen.

„Die Landlosen-Frage ist ein Fass ohne Boden. An einem Tag gibt die Regierung hundert Familien Land – am nächsten Tag tauchen hundert neue Familien auf, die das gleiche fordern", zürnt ein Ex-Gouverneur von Pernambuco. 3,3 Millionen Hektar sind von der Regierung bereits verteilt worden. Wie viel mehr sind denn noch notwendig? Wird die Kirche ihr Land – rund 250.000 Hektar – zur Ansiedlung zur Verfügung stellen? Die Bischöfe zögern noch. Die Militärs haben schon entschieden: sie steuern 6,2 Millionen Hektar zur Landverteilung bei.

Angenommen, die drei oder vier Millionen Landproletarier bekämen ein Stück Erde. Werden sie es auch nutzen? Oder laufen sie unter roten Fahnen einer Fata Morgana nach? Die Proteste der Landlosen erinnern an den Weberaufstand in Schlesien. Die wenigsten der an den Rand der Landstraße Verschlagenen wissen mehr als Reis und Bohnen zu pflanzen. Bäuerliche Traditionen und handwerkliches Können besitzen sie die meisten nicht. Sie waren meist nur Viehhirten, Tagelöhner, Plantagenarbeiter – und ihre Vorfahren oftmals Sklaven. Im Süden Brasiliens mag das anders sein – dort haben nach Schätzungen von UN-Landwirtschaftsexperten Neu-Ansiedler bessere Chancen zur Selbständigkeit. Da könnte ein bäuerlicher Mittelstand mit staatlicher Hilfe vielleicht entstehen. Ein Mann wie Stédile träumt davon – trotz der roten Fahnen und der marxistischen Sprüche.

Den einen geht es um Gerechtigkeit, den anderen um Ertrag. Die „Pastoral da Terra" der brasilianischen Bischofskonferenz hält die Besetzung von Grund und Boden durch die Landlosen für gerechtfertigt. Doch was verstehen die Geistlichen von Dünger und Schweinemast? Was nützt den Landlosen ein Stückchen Erde, wenn sie darauf verhungern, so wie die Eltern von João Pedro Stédile?

Die Not im Hinterland

Schnurgerade zieht das Band der Straße durch weite Urstromtäler und über die sandige Ebene, aus der düstere Tafelberge aufsteigen und sich Gebirgsrükken erheben, deren Rippen an Skelette gemahnen. Die Sonne hat die Erde gebleicht wie ein Leichentuch. Ein Baum, ein Strauch, ein Pfahl mit einem schwarzen Vogel obenauf, ein alter Mann, der ein Bündel schleppt – auf Meilen voraus sind sie auszumachen, kommen näher, wischen vorbei, verlieren sich wieder in der Stille, in der Tiefe des Raums.

Der Sertão ist das Land der Viehtreiber und Tagelöhner. In den Talsenken, wo sich während der Regenzeit das Wasser sammelt, ringen die Menschen dem kargen Boden das bisschen ab, was sie zum Leben brauchen: Mais, Maniok und Bohnen. So oft bleibt der Regen aus! Die Dürre kommt und geht, die Sertanejos krallen sich auf der Erde fest wie die Krüppelbäume und Dornensträucher.

Einstmals hatten in dieser Steppe die Stämme der Botokuden und Massacará nach Gürteltieren und Eidechsen gejagt. Später drangen Goldsucher und entflohene Sklaven in das Hinterland vor, dann folgten die Herden der genügsamen Buckelrinder, und die Viehbarone beanspruchten das beste Land als ihren Besitz. Aber wer kümmerte sich schon um diesen verlorenen Landstrich am Ende der Welt? Der Sertão hatte seine eigenen Gesetze, die Gesetze von Treu und Glauben, Ehre und Mut, auf Leben und Tod. Je ärmer die Erde, desto reicher der Himmel.

Antônio Vicente Mendes Maciel hieß er eigentlich, aber die Bauern des Sertão nannten ihn Antônio Conselheiro, den Guten Ratgeber, und er sei ein Beato, ein Heiliger und Apostel, flüsterten sie ehrfurchtsvoll. Er stamme aus Ceará, und die Leute munkelten, die Untreue einer Frau habe ihn dazu gebracht, auf frommen Wegen zu wandeln. Im Büßerhemd und barfuß zog dieser seltsame, hagere Mann durch die Einöde, tauchte unvermutet am Dorfrand auf und scharte die Bewohner um sich: der Weltuntergang stehe bevor, der Teufel bemächtige sich der Seelen und presse die Bauern bis auf das Blut aus. Tut Buße und führt ein gottgefälliges Leben, denn der Armen ist das Himmelreich!

Wo immer der bärtige Prophet mit seinen Jüngern erschien, fegten sie die Dorfkirche aus, richteten die Gräber her und wuschen die Gebrechlichen. Der Conselheiro gab sich mit einem Teller Wassersuppe zufrieden und bettete sein Löwenhaupt in den Staub der Straße. Die Bettler und Gauner, die Lahmen und Kranken liefen ihm zu, die Strauchdiebe und Wegelagerer des Sertão ließen ihn ungeschoren ziehen oder schlossen sich ihm an. Einmal, es war wohl im Jahre 1893, kam Antônio Conselheiro in das Dorf Natuba, gerade als der Gemeindediener einen Steuererlass an die Mauer schlug. Die Bauern standen zusammen und beäugten misstrauisch die Verordnung, als der Conselheiro hinzukam, das Amtspapier herabriss und es in den Staub trat. Eine solche Auflehnung gegen die Obrigkeit hatte es im Sertão noch nie gegeben. Wie ein Lauffeuer sprach sich die Rebellion herum.

Die Nachrichten vom Ende der Welt dort oben in Bahia klangen immer dramatischer: Der Gute Ratgeber soll brandschatzend mit tausend verlumpten Gestalten, darunter steckbrieflich gesuchten Viehdieben und Mördern, auf eine verlassene Fazenda gezogen sein und errichte auf dem Gutshof eine christliche Kommune, die sich „Canudos" oder „Neu Jerusalem" nenne. Der Bischof war schockiert, der Gouverneur beunruhigt, der Polizeichef wurde in Marsch gesetzt.

Nach Ablauf eines Jahres und vierer Feldzüge, zuletzt mit Krupp-Kanonen, gelang es der Obrigkeit, das Nest der „religiösen Fanatiker" auszuräuchern. 20.000 Menschen, die aus allen Winkeln des Sertão der Hoffnung auf ein Gottesreich gefolgt und nach Canudos geflohen waren, hatten sich mit dem Mut der Verzweiflung gewehrt und waren dann doch im Gewehrfeuer oder an Krankheit, Hunger und Durst verendet. Nur eine Hand voll alter Männer, Frauen und Kinder soll das Massaker überlebt haben.

Der Vernichtungsfeldzug gegen eine Schar christlicher Fundamentalisten tief im Hinterland stellte die junge Republik Brasilien auf eine Belastungsprobe. Wurden nicht „Ordnung und Fortschritt", die Grundpfeiler des säkularen Staates, durch diese religiösen Fanatiker ins Wanken gebracht? Auch Euclides da Cunha, der Korrespondent des „Estado de São Paulo", denkt anfangs so. Als er aber die Menschenschlachterei mit eigenen Augen erlebt, wird er zum Ankläger der Honoratioren, die die Massaker befehlen. Seine Reportagen sind der Stoff, aus dem er 1902 sein Monumentalwerk „Os Sertões" schmiedet.

Kein Stein ist auf dem anderen geblieben. Die Spuren von Canudos sind gründlich verwischt. Der Rio Varza Barros, ein kümmerliches Rinnsal, an dessen Ufern einmal der „Gottesstaat" der Verlorenen und Verlassenen errichtet werden sollte, wurde an dieser Stelle aufgestaut, und das alte Canudos liegt nun unter dem Wasserspiegel des schweigenden Sees begraben. Aber die Dornenbuschsteppe ist geblieben. Der Sertão hat sich nicht in ein Land verwandelt, wo Milch und Honig fließen, wie es der Conselheiro prophezeit hatte. Monte Santo mit seinem Kalvarienberg, Caraiba im Westen, Belém de São Francisco im Norden und Jeremoaba im Osten: allesamt verlassene Weiler mitten im sonnenverbrannten Landmeer. Jenseits ihrer Hütten verlieren sich die asphaltierten Pisten im Staub der Reitwege und der Spuren, die die Ochsenkarren gegraben haben. Der klagende Ton ihrer quietschenden Radscheiben und das Konzert der Zikaden in den schütteren Hexenbesen-Bäumen klingen nicht anders als zu der Zeit, da der Gute Ratgeber durch diese Steppe gezogen war.

Sie sind noch da, die Durstenden und Hungernden. Aus dürren Ästen und Plastikplanen haben die ausgemergelten Gestalten notdürftige Unterkünfte errichtet. Zwanzig Familien kampieren bei São Bento da Una auf dem Terrain einer verlassenen Fazenda und wissen nicht mehr weiter. Das Trinkwasser holen sie noch vor Morgengrauen aus einem sechs Kilometer entfernten Brunnen, sie ernähren sich von „Palma", gekochten Kaktusblättern, von Eidechsen und fingerkleinen Fischen, die sie im Brackwasser fangen. Drei Kinder sind in den letzten Monaten an Unterernährung gestorben. Kein Arzt, kein Lehrer, kein Totengräber sorgt sich um die Flüchtlinge, nicht einmal die Polizei verschwendet ihre Zeit, um die „Flagelados", die vom Hunger Gegeißelten, erneut zu vertreiben, obwohl sie doch auf einer Erde siedeln, die ihnen nicht gehört.

Die Leute von São Bento da Una sind nur ein paar Seelen aus dem Haufen der vertriebenen Landarbeiter, die die Großgrundbesitzer herumschieben wie es ihnen gefällt. Wenn der Regen fällt und das Land aus der Dürre erwacht, mag man sie als Viehhirten und Tagelöhner kontraktieren – danach müssen sie sehen, wo sie bleiben.

Jedes Jahr verlassen noch immer Tausende das Armenhaus Brasiliens und fliehen in die Städte im Süden, auf der Suche nach Arbeit und Brot. „Wir hatten tagelang nichts zu essen als ein wenig Zuckerrohr und Maniokmehl. Meine Mutter packte das wenige, was wir hatten, in ein Bündel und nahm uns, meine acht Geschwister und mich, bei der Hand. Wir mussten mehrere Nächte unter einem Baum auf nackter Erde lagern, bis die „Papageienschaukel" kam, der Lastwagen, auf dem schon andere Familien hockten. Als wir ihn zurückließen, hat unser Hund jämmerlich gejault. Achtzehn Tage hat die Rüttelei auf dem Laster gedauert, ich kann mich noch gut daran erinnern. Die staubigen Straßen schienen nie zu enden. Wir übernachteten am Wegesrand und kochten Bohnen. Als wir in São Paulo ankamen, war das erste, was mich mein Vater fragte: „Wo hast Du den Hund gelassen?" Ich schämte mich. Damals war ich sechs Jahre alt.

Luis Inácio Lula da Silva hat den weiten Weg, den er als kleiner Junge auf der Papageienschaukel zurückgelegt hatte, wieder abgefahren, diesmal im klimatisierten Bus und mit einer Horde Journalisten. In den Dörfern drängen sie sich um ihn – denn Lula, den bärtigen Arbeiterführer, den „Kommunisten" aus São Paulo, kennen sie aus dem Fernsehen.

Landreform? Sollen die Kommunisten nur kommen: ein paar „Pistoleiros" würden schon reichen, dem Spuk ein Ende zu machen, drohen die Großgrundbesitzer. Sie herrschen, untereinander versippt, über das Volk und das Vieh nach alter Väter Sitte. In Pernambuco, Sergipe und Alagoas, in der „Zona da Mata", stammen noch heute so gut wie alle Honoratioren aus den Herrenhäusern der Zuckerplantagen und -fabriken; im Sertão und Agreste geben die Viehbarone den Ton an. Der „Patron", der „Herr Doktor" und der „Herr Oberst" gehören zu den unangefochtenen Autoritäten im Hinterland. Ihre Familienfehden sind schnell vergessen, wenn es darum geht, in Brasília die Heimat gegen die da unten im Süden zu verteidigen. São Paulo mag dreimal mehr erwirtschaften als alle Staaten im Nordosten zusammen – aber an die Töpfe der Bundesregierung gelangen die Volksvertreter aus dem Nordosten immer mit demselben Argument: die Dürre! die Armut! der Hunger! Viele Milliarden werden jedes Jahr für die notleidende Region abgezweigt – und immer fließt das Geld in dieselben, die falschen Taschen.

„Ich habe nur das getan, was jedem Bürger freisteht: die Behörde für Landesentwicklung gebeten, einen Brunnen auf meinem Grundstück zu bohren. Was ist daran verwerflich?". Der ehemalige Parlamentspräsident Inocêncio („Der Unschuldige") de Oliveira versteht die ganze Aufregung nicht. Die Presse hatte berichtet, dass Inocêncio de Oliveira zu Lasten der Behörde mehrere Brunnen auf seinen Liegenschaften in der Serra Telhada bohren ließ, während in der Nachbarschaft viele Dörfer schon seit Jahren auf Wasser warten. Einmal aufgedeckt, wucherte der Skandal wie ein Krebsgeschwür. Jetzt kam heraus, dass nicht nur der Behördenchef, ein amigo des Parlamentspräsidenten, seine Untergebenen eingesetzt hatte, um Brunnen für seine Strandvilla zu bauen, nein: so gut wie alle Brunnen, die in der Region gebohrt worden waren, befinden sich auf den Ländereien und Latifundien der Politprominenz.

„Indústria da Seca": das Geschäft mit der Dürre: „Ich dachte, es sei eine Lüge, die im Süden des Landes verbreitet würde – bis ich hierherkam und sah, wie das ganze Geld, das von Brasília für die Landesentwicklung im Nordosten vorgesehen ist, abgezweigt wird und denen zugute kommt, die es am allerwenigsten nötig haben", empört sich der Abgeordnete Roberto Magalhães.

Private Brunnen, umzäunte Stauseen, glänzende Villen mit Parabolantennen und Landepisten, grünem Rasen, der von Schäferhunden bewacht wird, riesigen Herden Buckelrindern, Kühlhäusern, die in der Sonne glitzern, künstlich bewässerten Obstplantagen, Swimmingpools in der Steppe: all das gehört denen da oben. Für das gemeine Volk aber bleibt der Hunger. Im Nordosten wird man nicht alt: 55 Jahre vielleicht, fünf von hundert Kindern sterben, bevor sie das Elend der Welt erblicken.

Eine Zeitung meldet: In Monte Santo, 60 Kilometer südlich von Canudos, stürmen hungernde Landarbeiter die Lagerhallen und schleppen die Zuckersäcke weg. Durch das Eingreifen der Polizei kann größerer Schaden verhindert werden. In der Serra Telhada kommt es mehrfach zu Aufruhr, als die Polizei Plünderer festnehmen will. In vielen Orten des Nordostens werden die Markthallen aus Angst vor den Hungernden geschlossen. Die Regierung hat Notstandsmaßnahmen angekündigt; aber das Parlament muss sie noch bewilligen, das kann Monate dauern.

Im Radio spielen sie die Schnulze vom stolzen Viehhirten und Sertanejo, der zwar arm ist, aber das Herz auf dem rechten Fleck hat: „Vaqueiro bin ich und Violeiro/bin ein freier Mann/Mein Pferdchen und meine Gitarre/dazu noch mein Messer/sind mein ganzer Stolz/Wir fressen Staub im Sertão/aber wir sind frei/sind nicht wie die in São Paulo/wo man seinen eigenen Dreck frisst/und Sklave ist in der Fabrik/wo man stöhnt an Maschinen/ohne Seele und Menschlichkeit/wo die Herzen kalt sind wie Regen."

Naturschutzkaserne

Nur ein winziger Punkt auf dem Globus, und drumherun Atlantikblau: Fernando de Noronha, ein brasilianischer Krümel, zwei Grad südlich des Äquators, 300 Seemeilen vor Kap São Rouque, dem östlichsten Zipfel Südamerikas gelegen und nicht einmal zehn Quadratkilometer groß. Die so einsame wie exponierte Lage an der „Taille" des Südatlantiks zwischen Afrika und der Neuen Welt hat die Felseninsel nicht davor bewahrt, schon im 16. Jahrhundert als Ankerplatz der portugiesischen und holländischen Fregatten und als Piraten-Versteck zu dienen; denn es gibt ein paar spärliche Quellen auf Fernando de Noronha. Und so stritten sich denn durch die Jahrhunderte die damaligen Großmächte um die Granitbrocken in der schäumenden See – bis die Portugiesen 1737 schließlich eine Festung errichteten, deren Ruinen heute noch zu besichtigen sind.

Im Zeitalter der Dampfschiffe hatte Fernando de Noronha ausgedient – es fiel in den wohlverdienten Dornröschenschlaf, oder besser gesagt, in den Alptraum einer Strafkolonie, in die die Schwerverbrecher samt ihrer Familien abgeschoben wurden. Bis die Amerikaner anrückten – denn im Jahre 1942 bekam die Insel plötzlich als unsenkbarer Flugzeugträger strategischen Wert. Von hier aus konnte die Air Force ungefährdet den Sprung über den Atlantik nach Dakar und weiter nach Nordafrika wagen. Als Ausgleich bekam Brasilien ein komplettes Stahlwerk geschenkt.

Der Krieg ging vorüber, Brasilien gehörte zu den späten Siegern gegen die Achsenmächte, und in Fernando de Noronha übernahmen die Seeschwalben wieder das Kommando. Bis die ersten Touristen kamen ... Denn heute ist es nur ein Katzensprung von neunzig Minuten in Regionaljets aus der Metropole Recife heraus auf die Insel.

Doch halt! Mehr als 120 Besucher dürfen die Insel nicht betreten. Die brasilianische Umweltbehörde IBAMA hat dem einen Riegel vorgeschoben; Fernando de Noronha steht seit Jahren unter scharfem Naturschutz.

Die Umweltbehörde lässt nicht mit sich spaßen. Bevor die Insel-Besucher so richtig festen Boden unter die Füße bekommen, müssen sie erst einmal Schularbeiten machen. Es ist ein dreiteiliges Formular auszufüllen, in dem die Personalien, das Woher und Warum und Wohin genauestens einzutragen sind. Und weil die vielen Fragen gar nicht so leicht zu beantworten sind, hat man freundlicherweise gleich Schulpulte aufgestellt und eine Kasse auch: Die Kurtaxe, die zu entrichten ist, nennt sich Umweltschutzgebühr; sie beträgt pro Tag 15 Mark, und wer länger als eine Woche zu bleiben gedenkt, wird mit immer höheren Gebühren belastet. Das soll Langzeitbesucher abschrecken – ist aber, wie wir sehen werden, ganz überflüssig, denn nur Masochisten werden solche Pläne hegen.

Nun gilt es, ein Quartier zu finden. Unglücksraben, die sich von Reiseagenturen durch schöne Fotos einen Abstecher auf die Insel haben aufschwatzen lassen, stellen nun verblüfft fest, dass sie für eintausend Mark und darüber ein paar Nächte auf harten Pritschen und in Baracken hausen dürfen. Die angepriesenen „Pousadas", hochtrabend als „Landgasthöfe" angepriesen, entpuppen sich als windschiefe Holzverschläge, in denen ein rachitischer Ventilator die heiße Luft verquirlt und ein schlichter Nagel den Kleiderschrank ersetzt.

Kein Risiko bedeutet es hingegen, das einzige Hotel der Insel zu buchen. Es heißt „Hotel Esmeralda do Atlântico", also „Smaragd des Atlantiks", und es wurde von US-Pionieren errichtet. Ein seltenes Stück Militärarchitektur im Stil von Nissenhütten gilt es zu bewundern. Der Speisesaal erinnert immer noch an eine Kantine für GIs, die besseren Zimmer für die Offiziere unter den Gästen verfügen über eine Eismaschine, die man Aircondition nennt. Die Mannschaftsräume sind hingegen eng und muffig; sie liegen gleich neben dem Dieselgenerator der Insel, sind also besonders empfehlenswert für alle Kreuzfahrer, die das nasse Element fürchten und trotzdem von den stampfenden Motoren in den Schlaf gewogen werden wollen. Übrigens kann man das „Smaragd"-Hotel nur mit Vollpension buchen, was wegen fehlender Restaurants auf der Insel bestimmt sinnvoll ist.

Auch sonst bemüht man sich hingebungsvoll um die Gäste, die ins „Smaragd" eingerückt sind. Die Dame an der Pforte gibt gerne Gutscheine für die täglich angebotenen Ausflüge mit Jeeps und Booten aus, zum Stückpreis von achtzehn Mark. Es heißt zwar, Fernando de Noronha sei so klein, dass man alle Abstecher zu Fuß unternehmen könne. Aber das ist ein frommer Wunsch, weil die meisten wirklich schönen Strände nur durch gefährliche Rutschpartien zu erreichen sind. So sollte man das Touren-Angebot nicht voreilig ausschlagen, auch wenn nicht sicher ist, dass das angegebene Ziel auch wirklich erreicht wird, denn kleinere Programmänderungen sind eher die Regel. Aber, was macht das schon? „Hier ist alles schön!" lautet die entwaffnende Erklärung.

Wer allerdings auf eigene Faust wegkommen will, der wird kräftig zur Kasse gebeten. Die Taxifahrt in den drei Kilometer entfernten „Hauptort" der Insel, „Vila dos Remédios" wörtlich: „Sanitätsstation", eine Ansammlung von Wärterhäuschen der Gefangenenkolonie, schlägt mit vierzehn Mark zu Buche und dürfte die Kopfschmerzen nicht lindern, es sei denn, der Fahrtwind auf den offenen Pritschenwagen und den Strandbuggies vermag das. Man kann sich einen solchen motorisierten Strandfloh auch mieten – etwa zum Preis eines Porsche-Cabrio: 170 Mark am Tag! Kaserne, Gefängnis und teure Coca-Cola – was macht das schon! Fernando de Noronha, so versprechen die Prospekte, sei ein Stückchen unberührter Natur, eine Perle im Atlantik, ein Tauchparadies. So rein und sauber, dass selbst die Anwendung von Sonnenschutzölen verboten ist – der Badegast soll nicht wie ein leck geschlagener Öltanker Wasser und Strand verschmutzen. Doch der Weltreisende, der schon „alles" kennt, die Erinnerung an die Galápagosinseln im Kopf und Robinson Crusoe im Gepäck, sollte wissen, dass Flora und Fauna über NullNull in Fernando de Noronha nicht gerade üppig sind. In den dreißiger Jahren hatte nämlich die damalige Gefängnisverwaltung die Abholzung der Primärwälder angeordnet, um den auf die Insel verbannten Straftätern alle Verstecke und Fluchtmöglichkeiten zu nehmen. Die einst reiche Vogelwelt ist auf unzugängliche winzige Nebeninseln ausgewichen, geblieben ist eine Halbwüste. Bleibt immer noch die Wasserwelt. Der Fischreichtum um Fernando de Noronha ist einzigartig, und nicht nur professionellen Tauchern gelingt es, mächtige Meeresschildkröten zu beobachten, die regelmäßig zur Eiablage ächzend auf die Strände krauchen. Wasser hat keine Balken, wer in seichten Lagunen schnorcheln möchte oder mit der Flasche die Korallenriffs inspizieren will, der darf das – allerdings mit Tauchschein! – tun. Alle anderen, auch die Nichtschwimmer, sind zu Tauchkursen eingeladen, die völlig ungefährlich sind, aber deren Preise (zwei Tauchgänge an einem Vormittag: 120 Mark!) wie Bleigewichte wirken. Besser also, man genießt die reine Luft und die absolute Sicherheit, die Noronha bietet. Es gibt dort weder Bettler noch Straßenkinder, weder Bordsteinschwalben noch Drogenhändler. Es ist der sicherste Ort Brasiliens; ein Gefängnis soll es geben, aber das steht natürlich leer. Bloß, fluchtartig verlassen kann man diese Insel wegen der oft ausgebuchten Flüge nicht so ohne weiteres. Fernando de Noronha hat da seine eigene Tradition, die Besucher zu bannen ...

Großer Himmel kleiner Leute

Nicht Salamis und Schinken hängen von der Decke, sondern unzählige Bandagen, Krücken, Köpfe, Hände und Prothesen, die nach den Besuchern zu greifen scheinen. Die Wände des Raumes sind vom Boden bis zum Deckengewölbe mit Papierzetteln bepflastert, so dass es in der Dunkelheit aussieht, als hänge die Tapete in Fetzen herunter. In den Ecken des düsteren Gemäuers stehen Holzbeine und Gehgerüste, sind Perücken und Portraitbilder, Korsagen und Plastikblumen zu Müllhaufen geschichtet.

Ein Zettel unter den tausenden an der Wand, nur ein Fetzen liniertes Papier, aus einem Schulheft gerissen. Ein Foto klebt darauf und zeigt eine Mumie in Mullbinden. Ungelenk steht darunter geschrieben: „Gelobt sei Jesus Christus! Gott hat mich durch ein Wunder gerettet! Ich war bereits tot, als die Engel mich vom Motorrad-Unfall ins Leben zurückholten. Ich, José da Silva, bekenne hiermit das Wunder, das an mir vollbracht wurde."

Die Kammer der Klosterkirche „Nossa Senhora da Penha" beherbergt die Offenbarungen und Gelübde des Volkes; Berichte von Unfällen, Krankheiten und Katastrophen, die durch Gottes und der Heiligen Hilfe abgewendet oder überwunden wurden. Erschütternde Dokumente des Glaubens und der Frömmigkeit, in Schönschrift ohne Punkt und Komma geschrieben. Dossiers von Hunger und Durst, von menschlicher Ohnmacht und einfacher Glaubensstärke, von Menschen, denen nichts gehört als der Himmel.

Fünfzehn Stunden auf der Ladefläche eines klapprigen Lastwagens lagen hinter Maria Socorro und Mathéus; sie hatten mit vierzig anderen aus dem Dorf in der Nähe von Maceió eine Pilgerfahrt zu Padre Cícero nach Juazeiro do Norte unternommen. 600 Kilometer Schlaglochstrecke und Staubpiste mussten sie erdulden. Nun waren sie am Ort der Verheißung, der Stadt des „padim", angekommen. Die Pilger hatten sich auf der Pritsche des Lasters häuslich eingerichtet. Auf kleinen Holzfeuern bereitete man sich Bohnen und Reis, und des Nachts würde man zwischen den Holzbänken die Hängematten verknoten. Maria und Mathéus hatten ein Gelübde zu erfüllen, ihr jüngstes und siebtes Kind betreffend, das durch die Anrufung des heiligen Padre Cícero von schwerer Krankheit genesen war.

Die Sonne brannte unbarmherzig auf die Pilger herab. Maria und Mathéus waren an der Stelle des Kreuzweges angekommen, wo lebensgroß und in Beton dargestellt war, wie Jesus Christus das Kreuz nach Golgatha schleppte. Die Pilger knieten ergriffen und erschöpft vor diesem Denkmal, das von Sonne und Regen so mitgenommen war. Sie hatten die drei Kilometer steilen, spitzsteinigen Weges an den Votivtafeln und Lehmhütten vorbei mit frommen Liedern und Gebeten zurückgelegt. Aber nun fühlten sie sich wie der Heiland am Ende ihrer Kräfte und schauten immer sehnsüchtiger hoch zur Bergspitze, auf der die 25 Meter hohe Statue des Padre Cícero aufragte. Dort oben stand er nun schon ein paar Jahrzehnte, so wie ihn der einheimische Bildhauer gegen alle modernen Moden und Stile dargestellt hat: aufrecht und ernst, auf den Hirtenstab gestützt, die Knopfreihe seines Ornats wies kerzengrade zu seinem kantigen Querschädel unter dem Pfaffenhut.

Nach diesem Modell waren alle Statuen des Padre gehalten, die man in Dutzenden von Devotionalienläden der Stadt kaufen konnte; ob streichholzklein oder mannshoch – es war immer die gleiche, zugeknöpfte, steife Gestalt wie der 25-Meter-Cícero oben auf dem Berg, dessen weißer Kalkanstrich ihn ein wenig verzuckerte und aus der Entfernung wie einen Gartenzwerg erscheinen ließ.

Juazeiro do Norte war ein Weiler mit zwei dutzend Hütten in der weiten Trockensteppe von Süd-Ceará, als Padre Cícero Romão im April 1872 das Pfarrhaus bezog. Der Dorfgeistliche verrichtete seine Ämter nach der gewohnten jahrhundertealten Liturgie seiner Kirche. Doch dann geschah am 6. März 1899 ein Wunder: die Hostie im Mund der Maria de Araújo verwandelte sich in Christi Blut. Wie ein Lauffeuer verbreiteten sich die Nachrichten von der Messe des Padre, der nun auch Lahme laufen, Blinde sehen und Stumme sprechen machen konnte. Die Behörden und Bischöfe waren alarmiert. Hatte nicht der Fanatiker Antônio Conselheiro, nur wenige Jahre zuvor und nur ein paar hundert Leguas entfernt, das Land verhext? Drohte erneut die Flamme des religiösen Wahns, die Herrschaft der Eiferer und der Rosenkreuzler, die die Armen und Obdachlosen um sich scharten, die weder Eigentum noch Leibeigenschaft respektierten und die erst nach mehreren Strafexpeditionen und der Vernichtung aller ihrer zehntausend männlicher Anhänger ausgelöscht werden konnten?

Doch Padre Cícero predigte nicht Feuer und Flamme gegen das Elend dieser Welt und weissagte nicht den Garten Eden auf Erden. Er heilte durch Handauflegen und fromme Gebete. Die Behörden waren beruhigt, die Bischöfe neidisch. Padre Cícero sollte nun die Messe nicht mehr lesen dürfen. Also predigte der sture Geistliche vom Fenster seines Pfarrhauses für das Volk und zelebrierte im Hinterzimmer die Messe für den Landadel. Er wurde zum geistlichen Beistand der Großgrundbesitzer, die ihn mit Land und Vieh alimentierten. Das Volk glaubte an seinen „padim", und er entzog sich diesem Glauben nicht.

Was kümmert es das Volk, dass die Bischöfe die Wunder Padre Cíceros nicht anerkennen wollen? Auf das Grab des Padre legen die Leute Gipsstandbilder, damit er sie segne, oder Kleidungsstücke, Bildchen und Geld, viel Geld. Das anzunehmen scheut sich die Kirche in Juazeiro nicht. Padre Murilo de Sá, Vikar der Pfarrei Schmerzensreiche Maria: „Es war doch die Kirche, die jahrhundertelang von den Wundern sprach. Das Volk kennt es so. Auf dem Land ist die Frömmigkeit noch ungebrochen. Und da Gottes Hilfe nicht sinnlich erfassbar ist, sucht sich das Volk einen Heiligen, einen Zeugen. Padre Cícero ist so einer."

Maria und Mathéus haben Beichten abgelegt und Lieder gesungen, sie sind auf Knien den Stationsweg zum steinernen Padre hochgerutscht, sie haben das Kreuz getragen. Die Leidenswege und Gnadenorte haben sie aufgesucht, und das wenige Geld, das sie noch besaßen, für Weihwasser, Kruzifixe und kleine Gipsfiguren ausgegeben. Die Devotionalien werden den Lieben daheim sicher Segen bringen. Maria und Mathéus fühlen sich erleichtert, sie haben ihre Pilgerpflichten erfüllt und ihr Gelübde gehalten. Jetzt schlendern sie noch ein wenig mit den beiden Kindern über den Markt vor der Kirche, aus der die frommen Gesänge der Oster-Messe hallen. An der Stirnseite des Platzes blinken viele bunte Lichter. Als sie näher treten, finden sie eine Leinwand, auf der Padre Cícero abgebildet ist, von roten, gelben, blauen und grünen Lichtern umrahmt und erleuchtet. Vor der Leinwand ist ein schweres Motorrad aufgebockt. Ein Fotograf lädt dazu ein, auf dem Motorrad Platz zu nehmen. Von so einer Maschine hat Mathéus sein Leben lang geträumt. Ist es nicht richtig, der Bitte des Mannes zu folgen, sich auf das Motorrad zu setzen und zusammen mit dem Padre fotografieren zu lassen? Vielleicht würde sein Wunsch in Erfüllung gehen, er könnte wirklich so eine schwere Maschine besitzen, und sie hätten dann den Beweis für ein weiteres Wunder. Mathéus zögert ein wenig, dann klettert er auf das Motorrad.

*****

Aus den Baracken dringen Kindergeschrei, Töpfegeklapper und die Reklamebotschaften des Fernsehens. Irgendwo in diesem Labyrinth der Bretterbuden und Müllhaufen muss die Hütte sein, in der sich die Gläubigen treffen. Klagende Frauenstimmen wehen durch die Nacht herüber. Eine Tür steht offen, und im trüben Licht einer schwachen elektrischen Birne sind zwei Dutzend Gestalten zu erkennen, die dicht gedrängt auf dem Boden hocken und singen. Der Prediger hält mit seiner Rechten eine zerfledderte Bibel umklammert. Gebannt beobachten die Gläubigen, wie er die Verse vorliest, dabei die Stimme hebt und senkt und immer wieder den Herrgott preist mit „Graças a Deus, graças a Deus!" Wie oft hatte dieser Schriftgelehrte wohl schon in der abgegriffenen Bibel geblättert und sie den Favelados, den Armen aus der Vorstadt, entgegengehalten? Er predigt Genügsamkeit und Enthaltsamkeit, die Tugenden des Fleißes und der Bescheidenheit. Dann wird wieder ein Lied angestimmt: „Ich habe nichts in dieser Welt außer ein Heim in der nächsten ...", singen alle voller Inbrunst, die Vers-Enden langziehend, die Frauen weinerlich schrill, die Männer getragen brummend. Nun fordert der Pastor die Gemeinde auf, die Sünden zu bekennen, wobei er die Augen schließt und laut gen Himmel fleht. Alle antworten mit „Graças a Deus" und „Amén". Eine der zahnlosen Frauen rutscht vor und beginnt unverständliches Zeug zu kreischen. Sie schwankt bedrohlich hin und her und verfällt in konvulsivisches Zucken. Die Gemeinde schluchzt noch lauter ihr „Graças a Deus", bis der Prediger mit einer Handbewegung die Stimmen zum Schweigen bringt.

Die Pfingstkirchen stellen für die katholische Kirche in Brasilien und in ganz Lateinamerika die größte Herausforderung dar. Vor dreißig Jahren hatten die aus Nordamerika kommenden Erweckungskirchen noch keine Rolle im religiösen Leben Lateinamerikas gespielt. Heute hält bereits jeder siebte in Lateinamerika zu den „Evangélicos". Auf dem ganzen Kontinent laufen den Sekten Gläubige zu, die die katholische Kirche verliert. In Guatemala sind es bereits 20 Prozent der Bevölkerung, in Nikaragua, Honduras und Panama, in Bolivien, Peru und selbst im „europäischen" Chile: überall sind die protestantischen Sekten im Vormarsch.

Die Abwendung der Massen vom traditionellen Katholizismus hat viele Ursachen. Eine davon ist die Landflucht. Die Kirche blieb im Dorfe – aber die Menschen wanderten in die Städte ab. In die Favelas und Vorstädte, die Auffangbecken der Landflüchtlinge, folgte die Kirche nur zögernd. Längst hatten sich dort in einfachen Hütten und Hallen die neuen Sekten etabliert. Ihre Prediger kommen aus dem Volk und sprechen die Sprache des Volkes. „Wes des Herz voll ist, dem geht der Mund über" – bei den Pfingstlern darf jeder seine Sünden rausschreien. Sagt nicht die Bibel, dass der Gläubige unmittelbar mit dem Heiligen Geist kommunizieren kann?

Wenn das Wachstum dieser neuen Religionsgruppen weiter so anhält wie bisher, wird in zehn Jahren die Mehrheit der Brasilianer nicht mehr katholisch getauft sein.

Die „Universalkirche von Gottes Reich" ist die jüngste Heilskirche, die über Brasilien gekommen ist. An ihrer Spitze herrscht „Bischof" Edir Macedo mit gleicher Unfehlbarkeit wie der Papst. Dieser Edir Macedo ist ein gerissener Geschäftsmann und ein begnadeter Prediger zugleich. Er wuchs in ärmlichen

Verhältnissen auf, war zeitweise Lotterie-Vertreter und gründete 1977 die „Universalkirche", die sich seither explosionsartig ausbreitet. Inzwischen zählen sich 3,5 Millionen Brasilianer zu den Adepten des Bischofs. Die „Universalkirche" hat Milliarden Dollar gehortet, ihr gehören der Fernsehkanal „Record", 35 Radiostationen im In- und Ausland, über 2.000 Tempel, zahlreiche Immobilien und selbst eine eigene Bank.

Der selbst ernannte „Bischof" Edir Macedo füllt Fußballstadien mit seinen Anhängern und Plastiksäcke mit Spendengeldern: Münzen und Scheine der Ärmsten der Armen. Wie die anderen Heilskirchen – die größte ist die „Gottesversammlung" mit 13 Millionen Adepten – rekrutiert die „Universalkirche" ihre Gläubigen aus dem Millionenheer der Favela-Bewohner und sozial Geächteten. In die Tempel der protestantischen Sekten – ausgediente Kinos, Sportstadien und Turnhallen – strömen die Mühseligen und Beladenen, um die sich weder der Staat noch die katholische Kirche kümmern. Erweckungspredigten, Wunderheilungen, religiöse Fieberausbrüche und Massenbekenntnisse schweißen die Anhängerschaft zusammen. Natürlich tummeln sich in diesem Dunstkreis Scharlatane und Taschenspieler wie der „Bischof Macedo".

„Doch die Sekten geben ihren Anhängern ein Gefühl der Zusammengehörigkeit und der Zuwendung, die ihnen die rituell erstarrte Hochkirche oder die politisierte Befreiungstheologie der katholischen Kirche nicht zu geben vermag", kommentiert der Religionssoziologe Jefferson Barcelar das Vordringen der neuen Sekten.

Napoleon soll einmal gesagt haben: „Was mich betrifft, so sehe ich im Christentum nicht das Mysterium der Fleischwerdung, wohl aber das Mysterium der sozialen Ordnung. Die Religion verbindet mit dem Himmel eine Gleichheitserwartung, die den Armen daran hindert, den Reichen totzuschlagen.

✳✳✳✳✳

Der „Bruder der Armen". Ein klappriges Bündel, vom Kruzifix umschnürt, kaum einen Meter fünfzig mag er messen, und doch steckt unter der schlottrigen Soutane ein Kraftpaket: Dom Hélder Câmara, der emeritierte Erzbischof von Recife und Olinda, wenige Wochen vor seinem Tod. Er wurde 90 Jahre alt.

Um seine Person hat er nie viel Aufhebens gemacht, auch nicht, als er in überfüllten Fußballstadien predigte, als er weltweit als charismatischer Führer der „Theologie der Befreiung" begrüßt und mehrfach zum Friedensnobelpreis vorgeschlagen wurde, während man ihn daheim in Brasilien mit Mord und

Folter bedrohte. Er hat zeit seines Lebens in Askese und materieller Armut gelebt und immer nur eines besessen – seinen glühenden Glauben. „Bruder der Armen". Mein Bruder": Papst Johannes Paul VI. hat ihn so genannt, den „kleinen Pater", den „Padrezinho" aus Fortaleza, der dem Volk auf das Maul schaute und in die Arme schloss, und der mit schlauer Zähigkeit die katholische Kirche aus ihrer dogmatischen Erstarrung zu reißen vermochte. Dom Hélder wuchs unter zwölf Geschwistern in einem Mietshaus auf. Sein Vater war Buchhalter bei einem Handelskontor, seine Mutter Lehrerin: am Anfang des Jahrhunderts, da war Fortaleza ein Nest, auf dessen Plätzen die Rinder grasten. Und im Nordosten galt nur ein Gesetz auf Erden: das der Viehbarone und Plantagenherren. Für den Himmel war der Bischof zuständig; so teilte man die Macht.

Dom Hélder Câmara konnte als Seminarist unter dem spartanischen Regiment französischer Padres nicht ahnen, dass er ein halbes Jahrhundert später eine theologische Revolution auslösen würde, die die Kirche dazu zwang, sich aus der Umarmung mit der Oligarchie zu lösen und den existentiellen Nöten des Volkes zu stellen.

Der magere Prälat bemerkte bald, wie lebensfremd die lateinische Liturgie und die Orthodoxie aus dem Priesterseminar waren. Aber es ging doch darum, den Einfluß der katholischen Kirche in den Familien, den weltlichen Schulen, im Arbeitsleben und im Staate zu sichern und zu mehren! Câmara entwickelte bald einen missionarischen Feuereifer, eine katholische Laienbewegung zu organisieren.

Weil die Honoratioren nicht daran dachten, ihre Pfründe in der Republik zu teilen, stieg in den Köpfen der Ärzte und Anwälte, der Ingenieure und Offiziere das nationalistische Fieber. Nieder mit der korrupten Oligarchie! Der moderne Staat braucht neue Eliten: Die Arbeiter der Stirn und der Faust. Mussolini, ein Modell. Der italienische Faschismus färbte auf Brasilien ab. Man trug dort statt schwarzer oder brauner Hemden grüne. Auch der junge Padre Hélder Câmara trug ein solches grünes Hemd unter der Soutane.

Als er 1935 nach Rio de Janeiro zog, da war er bereits vom faschistischen Bazillus geheilt. Jahrzehnte später, als er den Nobelpreis erhalten sollte, kramten seine Widersacher die Dossiers seiner „Jugendsünde" wieder hervor – dabei waren diese Diplomaten und Bischöfe um etliches mehr in Faschismus, Diktatur und Staatsterror verstrickt.

Rio de Janeiro, 1936 bis 1964, das waren die „goldenen Jahre" für Dom Hélder Câmara, dem 1952 die Bischofswürde verliehen wurde. Als graue Eminenz des Erzbischofs der damaligen Hauptstadt Rio de Janeiro erlebte er hautnah mit, wie der Klerus Politik betrieb: in verschwiegenen Kabinetten, auf Empfängen und Soirees. Mit allen Machthabern galt es, sich gut zu stellen, auch mit Getúlio Vargas, dem Diktator. Dessen Flirt mit den Achsenmächten erkühlte schnell nach Stalingrad; nun gewannen die Yankees Einfluß, und mit ihnen kam die Demokratie; darauf musste sich der Klerus erst einstellen.

Dom Hélder Camara empfand mehr und mehr Widerwillen gegen die geistliche Geheimdiplomatie – doch erst ein französischer Bischof öffnete ihm die Augen: Rio de Janeiro sei von Schönheit gesegnet, aber es könne doch nicht des Schöpfers Wille sein, dass so viele Menschen gezwungen waren, in den Favelas ohne Brot, Arbeit und geistlichen Trost zu hausen!

Von da an warf sich Dom Hélder Câmara darauf, die christliche Botschaft und auch das Brot in die Viertel der Armen zu tragen. Der Erzbischof ließ ihn gewähren – denn noch kollidierte die Mission des „Padrezinho" nicht mit der Staatsmacht. Im Gegenteil: bei dem Reformpräsidenten Juscelino Kubitschek fand Dom Hélder offene Ohren und Tresore.

Sozialarbeit, Öffnung der Kirchentore: in ganz Brasilien mußte das organisiert werden. Und kein anderer konnte das so gut wie er. Die Idee, eine brasilianische Bischofskonferenz ins Leben zur rufen, gewann Gestalt. In Frankreich und den Vereinigten Staaten gab es das schon. Dom Hélder gelang mit seinem wachsenden Einfluss in Rom und beim späteren Papst Paul VI. die Kurie zu überzeugen.

Dom Hélder Câmara wurde 1952 Generalsekretär der brasilianischen Bischofskonferenz (CNBB), und er blieb es bis 1964, als die Militärs in Brasilien putschten.

Der Einfluss dieses Geistlichen beschränkte sich nicht auf den brasilianischen Klerus oder den von Lateinamerika, wo er auf den beiden ersten Bischofskonferenzen des Subkontinents die Fäden zog, sondern er reichte bis nach Rom – bis hinein in das 2. Vatikanische Konzil (1962-65) unter dem charismatischen Papst Johannes XXIII.

Die päpstlichen Botschaften „Pacem in terris" und „Populorum Progressio" bekräftigten den neuen Weg, die Hinwendung der Kirche zu den Armen und Unterdrückten, die „Theologie der Befreiung" (ein Begriff, der erst später aufkam) wurde aus der Taufe gehoben. „Der lateinamerikanische Episkopat darf angesichts der ungeheuren sozialen Ungerechtigkeiten in Lateinamerika nicht gleichgültig bleiben!" Und: „Christus, unser Erlöser, liebt nicht nur die Armen, sondern er, der reich war, machte sich arm, lebte in Armut, konzentrierte seine Sendung darauf, dass er den Armen ihre Freiheit verkündete und gründete seine Kirche als Zeichen dieser Armut unter den Menschen" – das waren Sätze, die Dom Helder Camara geprägt hat.

In kurzer Zeit sprossen überall in Lateinamerika Synoden und Seminare aus dem Boden, in denen diese Gedanken wie Brotteig geknetet und gewendet wurden. Die Theologie der Befreiung schrie nach der befreienden Tat, sie war nicht dafür gedacht, in gelehrten Episteln zu vertrocknen. Die Fenster der Pfarreien wurden weit aufgestoßen, die Klosterpforten aufgeschlossen, die Priester gingen unter das Volk. Es schien sich in jenen Jahren in Lateinamerika eine große Reformation der römisch-katholischen Kirche anzukündigen.

Doch je überzeugter die Priester und Pater der Theologie der Befreiung folgten, desto höher türmten sich vor ihnen die Schwierigkeiten und Widerstände auf. Sie kamen von außen, aber auch von innen, aus der eigenen Kirche. Zunächst einmal: Wer war denn bereit, in die Favelas zu gehen, zu den Kranken und Siechen, den Obdachlosen und Verlassenen? Wer verzichtete auf die Stille der Klöster, die Gemütlichkeit einer Landpfarrei, die Herrlichkeit eines Domkapitels oder auf die Würden eines durch Speisen und Messwein gepriesenen Lebens im bischöflichen Palast? Eine Kirche der Armen bot das alles nicht mehr.

Und dann zogen in jenem Jahr 1964 in Brasilien die Panzer auf. Viele Bischöfe, nicht aber Dom Hélder, segneten diese „Revolution", die das Land angeblich vor dem Kommunismus retten sollte. Dom Hélder war nun für den brasilianischen Episkopat und den Vatikan zum Risiko geworden. Seine Ablösung an der Spitze der Bischofskonferenz erfolgte nicht zuletzt durch die Drohung der deutschen Bischöfe, kein Geld mehr zu schicken: Kein Ruhmesblatt für den germanischen Klerus, der wissen mußte, dass er mit dieser Haltung die demokratischen Kräfte in Brasilien schwächte; der Vatikan aber schickte Dom Hélder „in die Wüste", nach Recife.

Er folgte brav den Anordnungen aus Rom; aber den Mund und den Glauben verbieten ließ er sich nicht. Selbst unter den Generälen hatte man Achtung vor dem mutigen Mann, der sich nicht scheute, Folter und Morde der Militärs an „subversiven Elementen" anzuklagen. Die Presse schwieg dazu: sie hatte einen Maulkorb verpasst bekommen; und der päpstliche Nuntius schwieg auch. Im Ausland aber vernahm man die Stimme des Mahners aus Recife sehr wohl, so gut, dass es dem Vatikan langsam peinlich wurde: wollte Dom Hélder Câmara sich am Ende nur wichtig machen? Nein, er wolle nur der Esel sein, auf dem der Heiland nach Jerusalem geritten war.

Als „roter Bischof" denunziert, mit Mord bedroht, von der eigenen Kirche mehr und mehr gemaßregelt, blieb Dom Hélder sich selbst und seinem Glauben treu. Er hegte keinerlei Sympathie für den Kommunismus, und er verabscheute jede Gewalt. Mit seinen humanistischen Visionen über die Mission der Kirche war er den amtlichen Würdenträgern um Jahrzehnte voraus.

Als Dom Hélder Câmara sich 1984 mit 75 Jahren in den Ruhestand zurück-zog, hatte die Demokratie in Brasilien gesiegt – nicht zuletzt, weil er so uner-müdlich Frieden und Gerechtigkeit gepredigt hatte. Er hat aber noch miterle-ben müssen, wie der Vatikan mit kleinlicher Personal- und Kabinettspolitik sein Werk und die Befreiungstheologie insgesamt abgetragen hat. Aus ihm war darüber kein kritisches Wort herauszuluchsen, aber seine Gesten waren deut-lich. Aus seinem kahlen Greisenschädel mit den großen Buddha-Ohren glüh-ten bis zu seinem Tode die Augen mit Feuer.
Im September 1999 ist Dom Hélder Câmara gestorben.

São Paulo im Stau

Hastend, schreiend, schleppend, schwitzend quellen sie aus den Omnibussen, suchen nach bekannten Gesichtern oder laufen gleich los mit dem Bündel auf der Schulter. São Paulo zieht noch immer alle an, die eine bessere Zukunft suchen – und auf dem Busbahnhof Tietê docken sie an. Jede Minute halten Überlandbusse an einem der 62 Perrons und überlassen übermüdete Passagiere ihrem weiteren Schicksal. Sie kommen aus Abaira, Bahia, 40 Stunden, aus Bom Jesus da Lapa, Ceará, 42 Stunden, aus Belém, Pará, 60 Stunden Fahrt. Und sie kommen aus Rio de Janeiro über die Autobahn im Halbstundentakt. Busse sind die Zugpferde des brasilianischen Personenverkehrs, auf den Fernstrecken wie im Nahverkehr. Jedes Nest, in dem mehr als 5.000 Seelen wohnen, muss per Gesetz wenigstens einmal am Tag mit öffentlichen Verkehrsmitteln, Bussen also, erreichbar sein. Die Busunternehmer und Spediteure sind mächtige Leute – von ihnen hängt nicht selten die Karriere der Provinzpolitiker ab. Die Eisenbahn hingegen – das ist etwas aus dem Bilderbuch für Kinder, so wie der alte Bahnhof von São Paulo, „Estação da Luz", der als Bauvorlage für den Steinbaukasten dienen könnte.

Last Train to Paranapiacaba: Der Uhrturm, die Backsteinschuppen für Maschinen und Lokomotiven und die spitzen Giebel der Direktorenvilla, die düstere Arbeitersiedlung, ja selbst die gusseisernen Lampenpfosten – sie sind so unverkennbar britisch wie der Rost, der von den Regenschauern herrührt, die hier, auf 700 Metern Höhe, in der Serra häufiger fallen als in Sheffield oder London. Wenn aber die Regenschleier weichen, dann geben sie wie ein Theatervorhang den Blick frei auf ein prächtiges Bühnenbild: tief unten, nur ein Dutzend Kilometer weit voraus, liegt der Atlantik in gleißendem Licht. Und dorthin führen die Schienen hinab wie auf einer Achterbahn.

Als die Schienen-Seilbahn anno 1867 gebaut wurde, galt sie sicher als ein Wunderwerk der Technik und englischer Ingenieurkunst. Zuerst zog man mit einer Winde die Waggons hinauf und ließ sie mit der Ladung von Kaffeesäcken wieder nach Santos hinunter. Um die Jahrhundertwende ersetzte man die Winde durch ein endloses Stahlkabel, an das sich die Waggons so festkrallten wie ein Skifahrer am Lift – bloß musste das Seil pro Fuhre über 68 Tonnen Zug aushalten, und vier Dampfkraftwerke hatten über die schräge 10-Kilometerrampe hinweg für den nötigen Seilzug zu sorgen.

Das Innere Brasiliens blieb durch das Küstengebirge lange Zeit von der Außenwelt abgeschlossen. Erst die Goldfunde im Hinterland lösten den Treck über die steile Barriere aus. Von da an begann die Besiedlung des Binnenraumes; São Paulo: einst eine verlorene Missionsstation, dann ein Marktflecken, schließlich eine Metropole, die mit dem Kaffee um die Wette wuchs. „Die Stadt entwickelt sich mit solcher Geschwindigkeit, dass es unmöglich ist, sich einen Stadtplan zu besorgen: jede Woche müsste eine neue Ausgabe erscheinen", staunt 1935 der französische Ethnologe Lévi-Strauss.

São Paulo und sein Hafen Santos: sie sind voneinander durch eine natürliche Barriere geschieden, die fast undurchdringlich ist. Ab und zu melden die Zeitungen, dass Wanderer in den Nebelwäldern der zerklüfteten Serra do Mar verschwinden und nicht wieder auftauchen: nur 50 Kilometer Luftlinie vom Zentrum São Paulos entfernt!

Ginge es nach den Ingenieuren und Unternehmern, sie würden breite Breschen durch die Serra sprengen und den noch verbliebenen Wald, die „Mata Atlântica", vollständig niederbrennen. Trotzdem bliebe das Problem, vom Hafen Santos bis zur Stadtgrenze São Paulo eine Höhe von 800 Metern zu überwinden. Das wäre so, als müsse man die Fracht aus dem Hamburger Hafen über den Brenner hieven.

Der Hafen von Santos aber platzt aus allen Nähten. Er ist mit rund 30 Millionen Tonnen Umschlag bereits der größte Hafen Südamerikas (und gleichwohl bescheidener als Wilhelmshaven). Wie soll Brasiliens Wirtschaft mit dem Weltmarkt wachsen, wenn schon jetzt die Lastwagen einen halben Tag brauchen, um die Container vom Hafen nach São Paulo zu schleppen? Wenn sich auf den Ringstraßen um die Metropole an jedem Werktag 100 Kilometer Autos stauen? Wenn der Frachtverkehr zwischen der 20-Millionen-Metropole São Paulo und der 10-Millionen-Metropole Rio de Janeiro mit durchschnittlich 30 Kilometern in der Stunde vorwärts kriecht? Wie soll Brasilien wachsen, wenn sein industrielles Herz im Infarkt verkrampft?

São Paulo? „Mensch, was für ein Chaos", rutscht es Ben van Schaik heraus, wenn er in knappen Worten seine neue Heimatstadt beschreiben soll. Turbulenzen war er als Chef des Flugzeugherstellers Fokker gewohnt, aber nicht Labyrinthe!

Im Jahre 1997 hatte er die Chefposition von Mercedes-Benz do Brasil eingenommen. Damals setzte er sich erst einmal selbst hinters Steuer, um die 18-Millionen-Metropole zu erkunden: „Diese Stadt hat ja kein hinten und kein vorne, kein Zentrum und kein Gesicht", erkannte der weltläufige Niederländer schockiert. „Das ist ein einziger Urwald von Gebäuden!" Die üblichen Klischees über Brasilien – Samba, Strand und Sonnenschein – konnte er sich schenken, statt dessen waren seine Überlebensinstinkte gefordert: „In São Paulo lernst du schwimmen, oder du gehst unter". Dies verbündet die Alteingesessenen mit den Newcomern und den offenherzigen Brasilianern in der drittgrößten Stadt der Welt. Ben van Schaik lobt deren Improvisationstalent und ihr Geschick, in den verschiedensten Situationen das Beste aus allem zu machen.

São Paulo ist die Lokomotive Brasiliens, das Powerhaus des Subkontinents. Fast 40 Prozent der brasilianischen Wirtschaftsleistung werden in und um die Metropole verarbeitet, mehr als ganz Argentinien schafft. Deutsche Unternehmen und ihre Töchter steuern dazu gewaltig bei: sie haben zwölf Milliarden Dollar investiert und liefern 15 Prozent der Industrieproduktion. Rund tausend deutsche Firmen mit insgesamt 200.000 Beschäftigten listet die deutsch-brasilianische Handelskammer auf; keine Top-Firma, die nicht vertreten wäre. São Paulo ist – sowohl an der Zahl der Beschäftigten als auch am Umsatz gemessen – damit die größte deutsche Industriestadt weltweit.

Über vier Millionen Autos, darunter 80.000 Taxis, müssen sich ihren Weg durch die 100.000 Straßen dieses Molochs suchen, von denen jede zweite nicht einmal einen Namen hat. Wenn es um die Lebensqualität bestimmende Statistiken wie Grünfläche, die Zahl der Parkplätze mit ihren astronomischen Gebühren oder auch die Diebstähle pro Einwohner geht, setzt São Paulo natürlich noch ganz andere wenig erfreuliche Rekorde. Damit muss man fertig werden.

Belohnt wird man durch die Herausforderung, Menschen unterschiedlicher Herkunft zu führen und das eigene Unternehmen in den schwarzen Zahlen zu halten - selbst wenn, wie 1993, die Inflation auf 5000 Prozent hochschnellt oder die Regierung der Wirtschaft mal wieder eine Rosskur verordnet und die Börse Kapriolen schlägt.

São Paulo spendet den Unternehmern die Feuertaufe. Werner Karl Ross, der Chef von Degussa do Brasil und Ex-Präsident der deutsch-brasilianischen Industrie- und Handelskammer, weiß ein Lied davon zu singen: 25 Jahre Brasilien, ein Chef zum Anfassen, ein „patrão", der seine Leute auch noch anfeuert, wenn sie schon an den Feierabend denken. „Es gab Zeiten", sagt er dann, „da mussten wir Ersatzteile im Reisekoffer einschmuggeln!" Heute, da die Märkte offen sind, geht vieles leichter, aber noch immer gilt für ihn: "Wer sich in São Paulo durchsetzt, der schafft es überall auf der Welt." Die Lebensläufe vieler Top-Manager beweisen das.

Krawattenzwang ist unbekannt, selbst auf dem Green des São Paulo Golf Club, wo sich Michael Bamberg gern am frühen Morgen tummelt. „Deutschland? Eine Puppenstube!" Hier gelten andere Dimensionen, was ein Immobilienmakler wie Bamberg selbstverständlich zu würdigen weiß. Seit 18 Jahren ist er Lotse für jeden, den es zur Bewährung oder zum Durchbruch in die Millionenstadt verschlagen hat. Was empfiehlt er den Neuankömmlingen unter den

Top-Managern angesichts von Verkehrschaos und Straßenkriminalität? „Chácara Flora" heißt das Nobelviertel mit Swimmingpools und Wachposten im Beton-Ozean von São Paulo und dem größten Industriepark Lateinamerikas.

Doch was hat man von dem Luxus schon? Genausowenig wie von der Yacht, die vielleicht 80 Kilometer weiter an der Küste ankert, von der City durch drei Stunden Stau auf der Autobahn getrennt. Der Terminkalender lässt es einfach nicht zu. Fünf-Tage-Woche? In São Paulo lacht man darüber; hier pulsiert der 24-Stunden-Arbeitstag ohne Nachtflug- und Sonntagsbackverbot. Was fürs Vergnügen bleibt, sind die zahllosen Restaurants der Stadt, so bunt und kosmopolitisch wie die Einwanderer, die den Koloss genährt haben.

Doktor Fritz

Die Menschen, die hier harren, hat das Schicksal geschlagen. Lahme und Blinde sind darunter, ausgemergelte Gestalten und von Geschwüren Gezeichnete. Da warten sie nun ergeben, wie sie ihr Leben lang ergeben gewartet haben, und hoffen auf ein Wunder. Draußen vor der niedrigen Tür der Hütte brennt die Sonne erbarmungslos auf die aufgeplatzte Erde, ein räudiger Köter humpelt in den Schatten der Baracke, hagere Hühner scharren im Sand. Die Totenstille im kahlen Wartesaal wird nur vom Schluchzen einer alten Frau unterbrochen. Wann kommt der Doktor? Wann öffnet sich endlich die Tür zum Behandlungsraum, in dem nichts weiter zu finden ist als ein blecherner Abfalleimer, ein Stuhl und ein Tisch, auf dem Wattebäusche, Scheren und Küchenmesser liegen?

Auf Krücken haben sie sich hierhergeschleppt, auf dem Grauschimmel sind sie geritten, oder man hat sie im Handkarren am Straßenrand aufgesammelt. „Doktor" João Texeira, wer kennt ihn nicht? Die Landarbeiter auf den Fazendas und die Barackenbewohner am Stadtrand raunen sich immer dieselben Geschichten zu: „O Doutor Texeira" holt mit einer Schere Geschwüre aus der Nase, öffnet mit den bloßen Händen den Bauch und entfernt faustgroße Tumore; die Augen schneidet er mit dem Messer auf, damit sie wieder sehen können. Aber es ist nicht João Texeira, der die medizinischen Wunder vollbringt, sondern der Geist des deutschen „Doktor Fritz". Das ist bewiesen, denn der Heiler murmelt, wenn er in Trance fällt und ihm die „Odkraft" die Hände führt, unverständliche, offenbar deutsche Worte.

Doktor Adolph Fritz: keiner hat ihn je gesehen, aber im Hinterland Brasiliens und in den Favelas am Rande der Städte zählt er zu den bekanntesten Deutschen. Auch José Pedro de Freitas, „Zé Arigó" im Volksmund genannt, „der Heiler mit dem rostigen Küchenmesser", berief sich auf ihn, und er kurierte Tausende, die in den fünfziger und sechziger Jahren in das Nest Congonhas do Campo in Minas Gerais gepilgert waren. Sogar Prominente wie der Fußballkönig Pelé oder der Schlagersänger Roberto Carlos waren darunter. Ohne Betäubung und Desinfektion – aber auch ohne je einen Heller zu verlangen – schnitt und schnipselte Zé Arigó durch die Haut, griff in den Leib hinein wie ein Metzger beim Ausweiden – und wenige Minuten später sprangen seine Opfer geheilt und munter ins Freie. Wie konnte Zé Arigó Bezahlung verlangen, wo doch nicht er, sondern ganz allein der Geist des Doktor Fritz das rostige Messer führte?

Der Geist von Doktor Fritz blieb nie lange heimatlos. Immer wieder tauchte er auf und führte die Hände der Heiler, nicht nur unter einem einzigen Namen: Doktor Frederick Kempler, Doktor Adolph Fritz Dutzold, Doktor Hans Friedrich Goldmann, Doktor Josef Gleber, Doktor Otto Kurtz, Doktor Frederick von Stein – eine stattliche Galerie deutscher Ärzte bemächtigte sich der Gehirne und heilenden Hände. Warum ausgerechnet Deutsche? Warum keine japanischen, arabischen oder einheimischen, brasilianischen Geister? Der amerikanische Anthropologe Sidney Greenfield ging dieser Frage nach. Die Deutschen, so stellt der Amerikaner fest, genießen in Brasilien einen legendären Ruf fachlicher Kompetenz, eiserner Disziplin und harscher Herrschaft: streng, aber gerecht – so wie der ideale „Patron", der Patriarch und Großgrundbesitzer, eine Autorität, mit der die Landarbeiter rechnen und an die sich die Landflüchtlinge in den städtischen slums noch gut erinnern können.

Aber da ist auch eine dunkle Seite: Adolph Fritz, Jesef Gleber, Frederick Kempler – alle diese Herren Doktoren sollen zwischen dem Ersten und dem Zeiten Weltkrieg praktiziert haben – so wie der leibhaftige Doktor Josef Mengele auch. Sie haben ja wohl nicht nur Gutes getan, damals, unter Adolf Hitler. Die Bestien im weißen Kittel sind durch amerikanische Fernsehserien dem Publikum in Brasilien so vertraut wie Graf Dracula. Diese deutschen Genies haben eine Schuld abzutragen. Deshalb geistert Doktor Fritz durch die Lüfte und muss für die Sünden der Vergangenheit durch gute Werke büßen.

Reinkarnation und Geisterglaube sind bei weitem nicht auf das einfache Volk beschränkt. In Brasilien gibt es eine spiritistische Gemeinde, die rund 20 Millionen Menschen umfasst. Präsident Janio Quadros war wegen „okkulter Mächte" zurückgetreten, Präsident José Sarney trug keine braunen Anzüge und ging niemals durch eine andere Tür heraus, als durch jene, durch die er hereingekommen war; er legte seine Termine nach astrologischer Beratung fest. Leda Collor beauftragte den deutschen Padre Joseph als Exorzisten gegen den bösen Einfluss der politischen Feinde, ihr Sohn, Präsident Fernando Collor de Mello, ließ sich regelmäßig von einer „Seherin" beraten und soll außerdem schwarze Messen abgehalten haben – jedenfalls behauptet das sein Bruder. Der einflussreiche Politiker Mário Covas bekennt sich offen als Anhänger des Spiritismus, so wie zahlreiche Schauspieler, Professoren und Generäle auch; wieviele Parlamentarier halten spiritistische Sitzungen ab?

Macumba, Candomblé und Umbanda sind in Brasilien weit verbreitete, ursprünglich afrikanische Formen des Schamanismus. Der Spiritismus mit seinem Glauben an einen durch Medien vermittelten Verkehr mit Geistern ist allerdings eher eine europäische Erfindung. Sie geht auf Alain Kardec zurück,

der Mitte des vergangenen Jahrhunderts in Paris mit seinem „Buch der Geister" eine Bibelexegese betrieb, die als eine Gegenbewegung zum damals herr-
schenden Materialismus und Positivismus den „Geist" ins Spiel brachte. Gegen
Ende das Jahrhunderts hatte der Spiritismus in Frankreich seinen Höhepunkt
überschritten. Aber in Brasilien breitete sich die Mode unter allen Ständen aus
– vielleicht auch hier als Kompensation zur offiziellen Staatsdoktrin von
„Ordnung und Fortschritt".

Lehrer, Ärzte und Rechtsanwälte, die „Senhores Doutores", gehören zu den
unangefochtenen weltlichen Autoritäten im Hinterland. Die barfüßige Kundschaft hat kaum das Geld, um eine Urkunde oder ein Rezept zu bezahlen.
Statt mit Geld wird die Schuld oft durch Gefälligkeit abgetragen. Der Herr
Doktor gibt den guten Rat, nicht nur die bittere Medizin zu schlucken, sondern auch bei der nächsten Wahl das Kreuz an der richtigen Stelle zu machen.
So funktioniert im Hinterland die Politik noch heute. Jedoch: Vor zwanzig
Jahren lebte die große Mehrheit der Brasilianer noch auf dem Lande und nur
eine Minderheit in den Städten. Heute hat sich das Verhältnis ins Gegenteil
gekehrt. Millionen Menschen vegetieren am Rande der Metropolen in Barak-
ken und Bretterverschlägen. Der Patron, Chef, der sagte, was zu tun war, ist
weit weg. Dafür treten andere in seinem Kostüm auf – zum Beispiel „Dr.
Fritz". Die katholische Kirche hat den Wettlauf mit der Migration verloren,
ihre Pfarrer kommen vielleicht mal am Sonntag in die Favela. Erweckungsprediger und Schamanen finden einen reich gedeckten Tisch unter der bettelarmen Bevölkerung.

„Doktor" Edson Queiroz hatte begnadete Hände. Mit ihnen pflegte er nur
leicht über die Haut zu streichen und seinen Patientien ohne Blut und Tränen schlimme Geschwüre zu entfernen und tödliche Krankheitsherde wegzu-
zaubern. In der Ärztekammer von Pernambuco verachtete man ihn als Schar-
latan und Kurpfuscher, aber die vielen hundert Hilfesuchenden aus dem Volk
verehrten ihn als selbstlosen Wunderheiler, der Todkranke wieder quickle-
bendig machen konnte. Der Geist des legendären deutschen Arztes „Dr.
Fritz" wohne in ihm und gebe ihm die übermenschliche therapeutische Kraft,
versicherte der Heiler bescheiden. Doch der Geist des „Dr. Fritz" verließ Edson Queiroz, als er ihn am dringendsten benötigte – an dem Tag, an dem er
von seinem eigenen Wachmann erstochen wurde.

Der Tod des Wunderdoktors wurde im brasilianischen Fernsehen als wichtigste Nachricht des Tages gemeldet. Zigtausend kamen zu seiner Beerdigung
nach Recife. Edson Queiroz pflegte den Umgang mit gleichgesinnten Promi-
nenten, Schauspielern und Politikern vor allem. Er hatte das Handwerk eines
Geburtshelfers gelernt, bevor er sich der Quacksalberei verschrieb und der ru-

helose Geist des „Dr. Fritz" bei ihm einzog, den er von „Zé Arigó" geerbt haben will; so jedenfalls die offizielle Lesart der „Stiftung Dr. Adolf Fritz", die Edson Queiroz ins Leben rief. Im Büro der Stiftung hängt ein Portrait des sagenhaften deutschen Doktors, der eine verblüffene Ähnlichkeit mit ihm gehabt haben muss. Dokumente, die die Existenz des Deutschen beweisen, sind – verständlich – in den Nachkriegswirren verloren gegangen. Aber der Geist des „Dr. Fritz" sprach ja deutlich mit teutonischem Akzent aus Edson Queiroz, wenn er denn über ihn kam, ihm die Augen verdrehte und in die heilsamen Hände fuhr.

„Dr. Fritz" heilte nicht nur Todkranke, sondern vermehrte auch auf wundersame Weise das Vermögen des geachteten Bürgers. Wer so erfolgreich operierte, der durfte sich den staatsmännischen Pflichten nicht entziehen. Edson Queiroz zog in die Volksvertretung von Pernambuco ein und genoss neben den stattlichen Tantiemen auch noch parlamentarische Immunität. Der tragische Tod des 40jährigen ereignete sich über eine ganz banale Geschichte. Der Abgeordnete und Arzt hatte seit Monaten „vergessen", seinem Wachmann José da Silva den Lohn zu zahlen. Der alte Mann musste um seine Groschen betteln und bitten. Dem Wunderdoktor war das lästig, und er wollte seinen Domestiken auf die Straße werfen. Da wusste sich José nicht anders zu helfen, als das Messer zu zücken.

Nun leitet Witwe Sônia die „Fundação Espírita Dr. Adolph Fritz"; kleinere Operationen scheinen ihr bereits zu glücken. Die Schlange der Hilfesuchenden bricht jedenfalls nicht ab. Im Schatten eines Mango-Baumes sitzen die Hilfskräfte und sortieren ungelenk geschriebene Bettelbriefe in Schuhkartons. Doktor Fritz ist nicht totzukriegen.

Das Recht auf Schönheit

332 „Academias de Ginástica" verzeichnet das Telefonbuch von Rio de Janeiro, die Vorstädte, in denen noch einmal sechs Millionen Menschen hausen, nicht mitgezählt; und außer acht gelassen alle Schwitzkasernen, die bloss über ein paar Hanteln, aber kein Telefon verfügen.
Kann es denn sein, dass die Cariocas sich Sorgen um ihre Gesundheit machen?
Dann aber ist es unverständlich, dass an jedem Sommer-Wochenende Millionen Bürger der Metropole ihre Haut dem Ozonloch im Himmel, den Flöhen im Sand und den Fäkalien im Meer aussetzen; dass Generationen von ABC-Schützen unter Asbestdächern das kleine Einmaleins erlernen; dass die Brasilianer die berühmt berüchtigte Feijoada (Fettes Schweinefleisch mit schwarzen Bohnen) als ihr Nationalgericht ehren – eine Kalorienbombe, die samstags gereicht wird, weil der Körper ein Wochenende braucht, um sich mit Hilfe von reichlich Zuckerrohrschnaps davon zu erholen.
Nein, gesundheitsbewusst kann man die Brasilianer nicht nennen. Sie ignorieren Kohlenmonoxyd, Pollenflug und Hundekot, sie missachten die Bachblütentherapie wie die gute alte Kneippkur; Wandervögel und Birkenstock-Sandalen sind in Rio so gut wie unbekannt. Statt dessen traben die Cariocas barfuß durch den versifften Strand, süffeln Mokka halbe-halbe (Tasse halb voll mit Zucker), verschmähen Rohkost und frische Salate – aber kippen literweise eiskaltes Bier hinunter, was bekanntlich Magenkrebs verursacht. Und sind dabei noch gut drauf!
Sportskanonen – die Brasilianer? Lassen wir einmal den Fußball, die Formel 1 und den Strand-Volleyball ausser acht. Seit der Olympiade von Athen, 1906, haben sie gerade mal 12 Gold-, 13 Silber- und 29 Bronzemedaillen heimgeholt. Das ist nicht der Rede wert für eine solch große Nation.
Warum also das lemminghafte Abrackern mit den Folterinstrumenten aus der Fitness-Asservatenkammer? Selbst unter freiem Himmel und vor aller Augen! Warum die Yoga-Kurse, wenn die Sonne kaum aus ihrem Bett gestiegen ist? Wollen die Brasilianer „hart wie Kruppstahl, schnell wie die Windhunde und zäh wie Leder" sein, wie es weiland der „Führer" von der deutschen Jugend forderte und wie es dem Knigge des Turbokapitalismus entspricht?
Wohl kaum. Zwar gab es einmal einen jungen, dynamischen Präsidenten, der mit „einem Karateschlag" die Inflation beseitigen wollte, der jedes Wochenende fernsehwirksam und verbissen um den Stausee von Brasília trabte. Doch sein Ende war schmählich, Fernando Collor wurde 1992 wegen Korruption und Vetternwirtschaft abgesetzt.

Das Karate-Modell war gescheitert. Wellness und Fitness: Was die Brasilianer darunter verstehen, hat mit den amerikanischen Begriffen so wenig zu tun wie eine peepshow mit unverklemmter Sinnlichkeit. Mal abgesehen davon, dass die Worte komisch klingen: Wellness und Fitness. „Boa forma", Gute Figur, und „Malhação", also den Körper durchkneten, das versteht man schon eher. Südlich des Äquators gibt es keine Sünde? „Jedenfalls haben die Menschen hier ein ganz anderes Verhältnis zum Körper", meint der prominente Schönheitschirurg Yvo Pitanguy. Warum sollten sie sich unter dicken Stoffschichten verstecken, wenn die Sonne heiß vom Himmel brennt? Und außerdem: fast nackt am Strand sind alle gleich und Menschenbrüder. Die Avenida Atlântica – ein einziger Laufsteg der Körperlust.

Blauäugige Puritaner mögen über den hemmungslosen Exhibitionismus der Brasilianer die Nase rümpfen. Der Luxus der Armen ist ihre Lust, und die Frauen wollen bewundert werden, mit begehrlichen Blicken in die Augen und auf das, was man hat: einen schönen Körper. Und die Männer natürlich auch. Schmale Hüften, breites Kreuz und der Bizeps hart wie eine Kokosnuss: „Ai, que gatão!" welch ein Kater! So klingt das höchste Lob aus Frauenmund: mit „Musculação" schwer erkämpft.

Rebell aus dem Regenwald

Sie schlurfen durch die lehmigen Pfützen, der Himmel hat seine Pforten geöffnet. Einige hundert durchnässte Gestalten folgen dem Sarg an den Holzhütten vorbei zum Todesacker, draußen im Schatten des Dschungels. An der Spitze des Trauerzuges tragen sie ein Holzkreuz und das Bildnis eines Mannes, der mit seinen Eulenaugen über den dichten Schnäuzer hinweg melancholisch auf die Menge schaut. Chico Mendes wird zu Grabe getragen. Chico Mendes, der Märtyrer, der Kautschuksammler aus Acre, der Rebell aus dem Regenwald.

Francisco Mendes Alves Filho – nicht einmal unter seinem bürgerlichen Namen hatte man ihn noch ein paar Jahre zuvor über den Fünftausend-Seelen-Weiler Xapurí hinaus gekannt. Als aber die Nachricht von seinem Tod aus dem tiefsten West-Amazonien die Metropolen erreichte, da war er der Weltpresse einige Schlagzeilen wert.

Francisco Mendes Alves Filho wurde am Abend des 22. Dezember 1988 vor seiner Hütte ermordet. Die Mörder konnten unerkannt fliehen – aber jeder in Xapurí ahnte, wer dahinter steckte: der Alves-Clan und die Viehzüchter, die den Wald niedermachen wollten, den Chico und die Kautschuksammler so erbittert verteidigt hatten.

Die Geschichte handelt durch Personen, und manchmal hat es den Anschein, als ob sie sich diese Menschen erwürfelt. Nichts sprach dafür, dass dieser Francisco Mendes, der am 15. Dezember 1944 das Licht der Welt erblickte, eines Tages selbst vor den Herren der Weltbank Gehör finden würde. Wenn alle seine Geschwister das Erwachsenenalter wie er erreicht hätten, wären sie siebzehn an der Zahl gewesen – es blieben aber nur vier Jungen und zwei Mädchen, und die mussten von klein auf, wie Chico, dem Vater bei der Kautschukernte helfen.

Chico Mendes war der Sprössling einer bettelarmen Familie, deren Vorfahren wie die meisten „Caboclos" zur Jahrhundertwende aus der Hungersteppe im Nordosten Brasiliens dem verlockenden Ruf des „weißen Goldes" nach Amazonien gefolgt waren. Der Kautschukboom brach zusammen, die Caboclos blieben. Sie waren selbst während der goldenen Jahre, in denen sich die Gummibarone ein Opernhaus in Manaus erbauten, immer die armen Schlukker gewesen.

Der „Seringal", das Waldrevier von zwei-, dreihundert Hektar Größe und den weitverstreuten Kautschukbäumen darin, zu denen die Sammler ihre Pfade schlugen, das war die Heimat von Chico Mendes; in die kehrte er immer wieder zurück, selbst als er bereits in London, New York und São Paulo gewesen war. Seine Heimat hat er mit Herz und Hand und mit Bauernschläue verteidigt, mehr nicht. Zufällig aber war seine Heimat der tropische Regenwald – und dessen wahren Wert entdeckte die Welt erst in jenen Tagen: als globale Klimamaschine, Genbank und biochemisches Labor.

Chico Mendes, der Seringueiro. Er stopft in sich hinein, was er noch abends bei Kerzenlicht lernen kann. Und er rebelliert gegen die Schuldknechtschaft, in den die Flusshändler und Kautschukagenten die Seringueiros zu halten suchen. 1971 verlässt Mendes den Seringal und arbeitet als Lehrer für Erwachsene an einer Schule in Xapurí. In dieser Zeit planen die Generäle die große Landnahme: Amazonien soll durch Autopisten, Rollbahnen, Siedlungen und Viehweiden in den Staat integriert werden, damit keine andere Macht dort Fuß fassen kann. Die Bulldozer erreichen von Osten kommend Rio Branco, die Provinzhauptstadt von Acre, und schließlich auch Xapurí. Den Bulldozern folgen die Bodenspekulanten, die Holzfäller, die Viehherden. Immer mehr Kautschuksammler verlieren ihren Wald und ziehen als Bettler in die Stadt.

Dem will Chico Mendes nicht tatenlos zusehen. Er trommelt die Kollegen zusammen. Sie marschieren in den Wald, wo die Holzfäller im Auftrag der Bodenspekulanten wüten. Die Seringueiros ziehen erst ab, nachdem der letzte Holzfäller seine Motorsäge hergegeben hat. Die Kraftproben der Kautschuksammler gegen die Viehbarone, die das Land aufkaufen, um den Wald niederzumachen, werden immer zahlreicher und härter. Denn nun schicken die Landaufkäufer ihre „pistoleiros" vor. Leute wie Chico Mendes stehen auf ihrer Todesliste.

Der blutige Konflikt, der sich im entlegensten Teil des brasilianischen Amazonasgebiets entfacht, wäre wohl kaum in die Weltpresse gekommen, wenn nicht die brasilianische Regierung Weltbankkredite für den Bau der Amazonasstraße nach Rio Branco und darüber hinaus nach Westen bis an die peruanische Grenze beantragt hätte. Wussten die Bankiers in Washington eigentlich, daß diese Straßen geradewegs zur Zerstörung des Regenwalds führten? Und daß dieser Regenwald nicht „leer" war, sondern einigen tausend Kautschuksammlern und Indianern eine Lebensgrundlage bot?; denn Naturkautschuk wird auch heute noch beispielsweise für Operationshandschuhe verwendet.

Selbst in São Paulo und Rio de Janeiro war man überrascht, dass es sie noch gab, die Seringeiros. Man hatte sie längst im Geschichtsbuch gewähnt. Ins Geschichtsbuch aber zogen die Militärs, die den zivilen Demokraten 1984 das Regieren überließen. Nun zeigte sich deutlicher als zuvor, daß die ehrgeizigen Projekte der Generäle in Amazonien ein Fass ohne Boden waren. Schlimmer noch: dass sie im Namen der Entwicklung eine ungeheure Zerstörung des Naturkapitals herbeigeführt hatten.

Das Umdenken brauchte Zeit. Bis dahin galt das Amazonasgebiet als „grüne Hölle" oder, gerodet, als „unendlich fruchtbar". Die komplizierten Nahrungskreisläufe im tropischen Regenwald sind bis heute nicht vollständig erforscht – aber eines sah man schon bald: Wenn man aus dem Wald größere Stücke schnitt, dann brachen auch die umliegenden Areale wie Dominosteine zusammen. Die Kautschuksammler aber hatten den Wald, wie die Indianer, schon immer bewirtschaftet, ohne ihn zu fällen.

„Zu Anfang verteidigten diejenigen, die von Ökologie sprachen, nur die Fische, die wilden Tiere, die Wälder und den Fluss. Sie hatten keine Ahnung, dass Menschen in dem Wald lebten – und dass diese Menschen die wahren Ökologen waren, weil sie ohne den Wald nicht überleben konnten und der Wald ohne sie nicht gerettet werden konnte" – formulierte später Osmarino Amâncio Rodrigues, der Sekretär des Nationalrats der Kautschuksammler, die Botschaft, die nun begierig von allen brasilianischen und internationalen Umweltschützern aufgenommen wurde. Auf einmal war Chico Mendes die Person, die das Problem wie die Lösung verkörperte.

Chico Mendes hat sich nicht verbiegen lassen. Seine Versuche, in die Politik einzusteigen, missglückten; er war einfach eine zu ehrliche Haut. Er war „authentisch", würde man heute modesoziologisch sagen. Seine unprätentiöse, einfache Art, und auch die Fähigkeit, zuhören zu können, hatten ihn bereits zum geborenen Führer der Seringueiros gemacht. Und nun reichten ihn die akademischen Umweltschützer von einer Konferenz zur nächsten weiter. Er ließ sich nicht blenden: „Käme ein Bote vom Himmel mit der Botschaft, dass mein Tod unserem Kampf nützen würde, so wäre ich bereit zu sterben. Doch die Erfahrung lehrt uns das Gegenteil. Noch so viele Versammlungen und Begräbnisse werden das Amazonasgebiet nicht retten. Ich will leben."

Er wollte leben, aber es gab genügend, die ihm nach dem Leben trachteten. Erst recht, als die Weltbank nach der Anhörung von Chico Mendes alle Kredite für die Asphaltierung der Pisten in Acre strich. Damit hatte er sich so gut wie alle Bürger bis auf die Seringueiros in Acre zum Feinde gemacht.

Er ahnte, dass er durch eine Kugel sterben würde. Seine Mörder hat man erst gefasst, sie konnten fliehen, der Amazonas hat sie verschluckt. Das ist nur eine Marginalie in der großen Chronik der Zeit. Der Mord an dem Gummizapfer aus Amazonien wäre auch nur bestenfalls eine Zwei-Zeilen-Notiz wert gewesen. Doch die Geschichte hat ihn sich gewürfelt. Chico Mendes (Schulen wurden nach ihm getauft) verkörperte eine neue Botschaft, nämlich die der nachhaltigen, umweltschonenden Entwicklung, die das Kapital bewahrt, von dem sie Zinsen erwartet.

Eldorado steckt im Schlamm

Der Bus bockt und schlägt wie ein störrischer Esel, und jedesmal, wenn er in ein Schlagloch rummst, bleibt einen Herzschlag lang alles in der Schwebe. Aber dann schüttelt sich die Karosse wie ein nasser Hund, rappelt sich auf und rumpelt grollend weiter. Dieselgas und Schwaden von schwelendem Holz ziehen süßlich durch die Rostritzen herein und vermischen sich mit Tabaksqualm und dem Schweiß der Passagiere. Vor den verschmierten Fensterscheiben verschwimmen die Wälder und Aschenfelder in ein graugrünes, staubiges Meer.

Je mehr Stunden ablaufen, desto zäher scheint das Land dort draußen den Bus zurückzuhalten. Wie viele Kilometer noch? Hin und her geworfen wie Kartoffelsäcke oder Lumpenbündel, starren die Reisenden apathisch vor sich hin, in sich zusammengesunken oder totenstarr verrenkt und verrutscht. Die Dämmerung ist der Nacht gewichen. Am Horizont flackern Gewitter. Mit jedem Blitzschlag erglühen prächtige Wolkentürme wie eine Kette rosaroter Lampions. Das Wetterleuchten kommt näher. Chromblitzende Adern huschen über das Firmament. Krachend schlagen die Blitze ein. Für Bruchteile von Sekunden taucht das Land dort draußen in ein mesmerisierendes Licht. Die Baumskelette der toten Urwaldriesen recken ihre knochigen Hände gegen den flackernden Himmel. Hart wie Vorschlaghammer fallen die elektrischen Schläge. Plötzlich prasseln die Tropfen.

Der Regen knallt mit genagelten Stiefeln auf das Dach. Wie betrunken torkelt der Bus voran, schleift, pflügt, dreht durch, robbt weiter, rutscht, schleudert, stellt sich quer, schlägt auf: rumms! Die Passagiere stoßen spitze Schreie aus. Stille. Der Regen rauscht ohne Unterlass. Sechs, sieben Gestalten sind mit dem Busfahrer hinausgestiegen und fuchteln mit Taschenlampen herum. Nach einer Weile kommen sie als nasse Ratten zurück. Der Fahrer lässt die Kupplung langsam kommen, doch dann drehen die Reifen wieder jaulend durch. Nach drei oder vier Versuchen, den Bus aus dem Schlammloch vor und zurück herauszuschaukeln, sind wir frei.

Wie häufig waren wir im Schlamm steckengeblieben, wie oft hatten die Männer versucht, das Fahrzeug freizubekommen und wie lange sind wir in dieser stockfinsteren Amazonasnacht über die Piste geschliddert? Es war wohl schon nach Mitternacht, als der Bus endgültig Halt machte, um das Ende des Regens und den Morgen abzuwarten. Hinter dem Regenschleier waren einige Funzeln auszumachen. „Eldorado", grummelte einer der Stoppelbärte, zeigte nach draußen in Richtung der Lichter, und wir patschten durch den Lehm und die

Pfützen an den Pistenrand. Zuerst sah ich nur den Alten im Schein eines Windlichts. Er hockte wie eine Statue auf einem Schemel, und unter seinem weißen wallenden Bart schien sein Körper mit einer goldenen Rüstung bedeckt; dabei war es nur der rötliche Schlamm von der Piste, der im Kerzenlicht so kostbar schimmerte.

Der Busfahrer und die anderen Männer hatten schon die erste Flasche Cachaça geköpft. Hinter der Theke hantierte ein brummiger Neger und ein zahnloses Mädchen: Lídia. Aus dem Verschlag nebenan quollen die Kinder hervor und rieben sich die Augen vor dem grellen Licht der Gaslampe. Hysterisch kläfften die Köter in die verregnete Nacht, und erst als sie sich ein wenig beruhigten, konnte man das Gemurmel und Geklapper aus den anderen Hütten vernehmen. Neugierig krochen die Gestalten aus ihren Baracken und Erdlöchern, um zu sehen, was es mit dem gestrandeten Bus auf sich hatte.

Das also war Eldorado. So, sagten die Leute, hieße der Ort.

„El Dorado". Goldland, Glücksland, Schlaraffenland. Der alchemistische Traum vom Stein der Weisen, der Goldmacherei und die Suche nach dem irdischen Paradies hatte das späte Mittelalter verhext und bis zur Massenhysterie getrieben. Cagliostro und Doktor Faustus, Rabbi Löb und Professor Orfyréus – auf den krummen Gassen der Städte tummelten sich die Scharlatane und Schwarzkünstler, die Geisterseher und Gesundbeter, die Scharen der Flagellanten und die Horden der Landsknechte. „Wo ist das Gold"? war die allererste Frage, die Kolumbus an die federgeschmückten Wilden richtete.

„Die Spanier", sagt Cortez, der Eroberer von Mexiko, mit einem Schuss Selbstironie zu dem Statthalter, den ihn der Aztekenherrscher Montezuma entgegenschickt, „leiden an einer Herzkrankheit, gegen die Gold ein besonders geeignetes Mittel ist". Bevor der kastilische Schweinehirte Francisco Pizarro den Inka-Kaiser Atahualpa erdrosselte, soll dieser der Überlieferung nach gesagt haben: „Sie wollen Gold. Sie winseln um Gold, sie schreien um Gold, sie zerfleischen einander um Gold. Frag sie um den Preis deiner Freiheit, und du wirst sie mit Gold kaufen können. Es gibt nichts in der Welt, was sie dir nicht für Gold geben würden, ihre Weiber, ihre Kinder, ihre Seele und sogar die Seelen ihrer Freunde."

Was scherte das die Conquistadores? Wo ist der Schatz der Azteken versenkt, wo sind die unermesslichen Goldvorräte der Inkas versteckt? Die spanischen Haudegen bekommen den Hals nicht voll genug. Sie hetzen jedem Gerücht hinterher: Gold! „El Dorado", der goldene Häuptling der Muisca-Indianer an der Laguna de Guativa – da! Aber je höher sie in die Berge, je tiefer sie in die schweigenden Wälder vordringen, desto mehr scheint sich Eldorado zu verflüchten. „Sucht Eldorado in der grünen Hölle!" Gonzalo Pizarro, ein Bruder des Francisco, stößt über die Anden hinab in das höllisch heiße Tiefland am Rio Napo vor. Völlig erschöpft und halb verhungert schicken sie Francisco de Orellana los, nach Proviant zu suchen. Aber der will nun auf eigene Faust Eldorado finden. Eine 260 Tage währende Odyssee beginnt. An ihrem Ende hat Francisco de Orellana als erster Europäer den Amazonas bis zu seiner Mündung in den Atlantik durchmessen – Eldorado fand er nicht. Also muss es woanders liegen. Weiter östlich, zwischen Orinoko und Amazonas ist noch Platz. Dorthin zeichnet Theodor de Bry, der Frankfurter Verleger und Kartograph, „Manoa oder Dorado, diese wird geacht für die größte Stadt in der ganzen Welt".

Bis in das 19. Jahrhundert spukt Eldorado in den Köpfen der Abenteurer herum. „Es war ein Phantom, das vor den Spaniern zu fliehen schien und sie gleichzeitig unaufhörlich rief. Es liegt in der Natur des auf Erden irrenden Menschen, dass er sich sein Glück jenseits von dem gelegenen vorstellt, was er kennt. Das Dorado, den güldenen Gärten der Hesperiden vergleichbar, entschwand immer mehr dem geographischen Bereich und ging in die Gefilde mythologischer Fiktionen über", schreibt Alexander von Humboldt.

Lídias zahnloses Lachen scheppert wie ein alter Blecheimer. Eine neue Flasche Zuckerrohrschnaps wird geöffnet. Aus der Baracke flackert Feuer, und ein fetter Duft zieht in die Nase. „Frauen sind wie gute Bratenstücke – erst durchgeklopft sind sie so richtig zart", schnalzt der hagere Bärtige, der sich Antônio nennt, mit der Zunge. Lídia kreischt vor Vergnügen, der brummige Neger schenkt ein.

Der Regen ist in ein feines Nieseln übergegangen. Aus der Hängematte neben der Tür zum Abtritt glühen drei Paar Kinderaugen. „Nun schlaft endlich!" Lídia kramt einen Schnuller hervor und steckt ihn einem der Kinder ins Gesicht, „sei lá, die Großen treiben sich irgendwo rum. So ist das Leben, Senhor". „Und gemacht hat dir die Kinder der Boto", kräht nun wieder Antônio, und alle in der Runde prusten vor Lachen. „Der Boto, Senhor, kennen Sie ihn nicht?" „Meistens passiert es in den Vollmondnächten. Die Weiber sind ja wild aufs Tanzen. Kirchweihfest, Forró, Lambada. Nicht zum Halten sind sie. Ich weiß, wovon ich rede, Senhor." Alle brechen in Gelächter aus. Aber Antônio ignoriert es und erzählt weiter. „Es ist der Delphin, Senhor, der Boto côr de rosa, der nachts an Land kommt, ich schwöre es. Wer von uns kann sich diese Schuhe leisten, diese weißen Hosen und Hemden? Es ist der Boto. Die Weiber verfallen ihm. Er lockt sie ins Wasser, sie verstehen, Senhor?" Lídia lacht hysterisch. „Wenn ihr meint, dass ich nur noch für den Boto gut genug bin – hier!". Sie reißt für einen Moment ihre Baumwollhemd hoch und

lässt die schweren Brüste fast auf die Theke fallen. Die Runde klatscht begeistert Beifall, der Schwarze kippt die Gläser mit Cachaça randvoll.
Warum mag ausgerechnet dieses trübe Nest Eldorado heißen? „Não se sabe companheiro, einer hat halt damit angefangen." Auf dem Brustkorb des gemütlichen Blaubarts glitzert ein Amulett. „Quer comprar?" Er greift mit seiner Pranke an das Kettchen und beugt sich vor. „Hier, mindestens zwanzig Gramm pures Gold, não quer comprar companheiro?" Ein echtes Angebot, unter Freunden, ein Superpreis. Den Goldklumpen will Sérgio, so sagt er, erst vorgestern geschürft haben. Drüben im garimpo, im Goldgräberlager. Er zeigt hinaus in die Dunkelheit. „Aqui tem muito ouro!". Man braucht nur mit der Hacke die Erde anzukratzen – Gold in Hülle und Fülle! In der Serra Pelada ..., zugegeben, die Zeiten sind vorbei, aber hier ... Man muss halt wissen, wo es liegt.
Gold, oro, ouro. Die Höfe von Madrid und Lissabon bekamen nicht genug von dem gelben Metall. Womit die Seiden aus Bombay bezahlen oder die Tuche aus Birmingham? Webstühle und Spinnrahmen, Kesselschmieden und Kalköfen suchte man zur Zeit Philipp II. in Portugal und Spanien vergebens; man brauchte sie nicht, man hatte ja Gold, man hatte ja das „güldene America". Eldorado blieb unsterblich. Das Goldfieber übertrug sich von den Mutterländern auf die ehemaligen Kolonien. Die Generäle Simón Bolívar, José de San Martin, Antonio José de Sucre und die vielen anderen „Befreier Amerikas" mit ihren Soldaten, – sie schlugen die vielen blutigen Schlachten nicht, um Eldorado an das dumpfe Volk fallen zu lassen. Gold und Silber, Plutos Schätze sollten die Fundamente der jungen Staaten und ihrer Vermögenden sein. Gold in Minas Gerais, Gold am Orinoko, Gold am Amazonas, Gold, Eldorado. Je größer das Elend, desto strahlender lockt es.
Eine Million Brasilianer wühlen sich durch die alluvialen Schichten der Amazonasflüsse; in Ecuador, Peru und Bolivien, Kolumbien, Venezuela, Guyana und Surinam sind es zigtausende. Man lässt sie gewähren. Man lässt ihnen die Hoffnung, denn wenn man die nähme, könnten sie sich vielleicht alles andere nehmen. Eldorado aus Staatskalkül.
„Wir kommen praktisch alle aus Maranhão, aus Ceará und auch aus Piauí. Sollten wir etwa verhungern?" José schiebt seinen Strohut zurück. „Hier gibt es wenigstens Land und Arbeit. Aqui não faz falta de nada. Ist noch was in der Flasche? Weißt Du noch, Sérgio, wie das mit Zezinho war? Weißt Du noch?" Die beiden meckern wie Ziegenböcke. „Nichts für ungut, Senhor. Wissen Sie, Zezinho kam aus Imperatriz und er hatte Glück. Eines Tages fand er ungelogen einen Brocken Gold, so groß wie ein Hühnerei. Zezinho wurde ein reicher Mann. Er kaufte sich Autos und Häuser und Weiber. Weißt Du noch,

wie er in Marabá spazierenging, Sérgio?" Wieder schütteln sich die beiden vor Lachen. „Er band die Geldscheine an eine Hundeleine und zog sie hinter sich her, und er sagte: ‚Früher bin ich dem Geld hinterhergelaufen, jetzt muss es hinter mir herlaufen!' Das sagte er!"

Die Morgendämmerung ist heraufgekrochen. Der Busfahrer hat sich aus seiner Hängematte gepellt. Die ersten Hähne krähen. „Kommt, versuchen wir es noch einmal", stößt er die Schlafenden an. Wir stolpern zum Bus. Hockt da nicht noch hinter der Baracke der lehmverschmierte alte Mann? Oder war er nur eine Schimäre? Die Hunde bellen, Eldorado bleibt zurück.

„Kilometer 06 – um Gottes willen!" sagen die Bürger von Marabá. Ein Schandfleck an der Straße, an der Kreuzung von „Transamazônica" und der Staatsstraße PA 150. Arm dran, wer da durchmüsse. Dabei ist Kilometer 06 – 300 Baracken am Rande der Piste – auch nur eine Bretterstadt wie tausend andere in Amazonien. Kilometer 06 lebt von der Straße, lebt für die Straße. Wer weiterwill, muß hier warten – auf den Bus, den LKW, das Fuhrwerk. Drei Dutzend Garküchen warten auf Kunden, eine Handvoll Nachtasyle, unzählige Krämer, Schrotthändler, drei Bars und zwei Zahnzieher.

Hinter der Theke döst „Neguinho", der samtschwarze Bewacher von Flaschenbier und Fusel. Maria lackiert sich die Fußnägel. Sie hockt, die Beine angezogen, in einem gerupften Vinyl-Sofa neben der Toilettentür. Um die Tanzfläche der „Bar Moura" stehen fünf verrostete Tische mit der Bierreklame von „Antárctica" herum. „Heute abend ist Forró. Montags, mittwochs, freitags und samstags ist Tanz", sagt Ivan gelangweilt. Er ist der Manager der Bar. Das dicke Schlüsselbund an der Badehose beweist es allen. Ivan scheucht die neugierigen Kinder weg, er schickt die Jungen zum Zigarettenholen.

Noch ein Bier. Serra Pelada, Garimpo: „Goldene Zähne habe ich mir machen lassen. Sieh her – wo sind sie geblieben?" „Du hast sie sicher aufgegessen", knurrt Maria. Ivan lacht. Heute abend ist Forró, heute abend ist Schwof. Die Quetschkommode jodelt wie ein besoffener Truthahn, die Trommel wummert, und die Triangel muß gegen das Tamburin anbimmeln. Eine Katzenmusik ist das. „Amar é tão bom, tão bom ..." Die Paare wiegen die Lambada aus, die Oberschenkel der Männer zwischen den Beinen der Frauen.

Ivan, Neguinho, Maria – eines Tages waren sie alle aus Maranhão, aus Ceará, Piauí und Bahia oder sonstwoher aufgetaucht. Eines Tages waren sei einfach da. Die Serra Pelada hatte gerufen. Als das Gold nicht für alle reichte, hieß es, beim Bau der Erzbahn von Carajás würden Leute gebraucht. Als die letzte Schwelle verlegt war, blieben sie trotzdem. Versprachen nicht die Politiker, in Ostamazonien werde ein großes Industriegebiet entstehen? Sollten nicht immer neue Straßen gebaut werden? „Tem futuro por aí" – Amazonien gehört die Zukunft.

Die Goldvorkommen im „Nackten Gebirge", der „Serra Pelada", wurden Ende der siebziger Jahre entdeckt. Sie lagen in einem Gebiet, in dem damals eine kommunistische Partisanenbewegung operierte. Zu den Partisanen-Jägern zählte ein gewisser Major Curió („Zeisig"). Kaum war der Partisanenkrieg vorüber, setzte sich Major „Zeisig" an die Spitze des zerlumpten Heeres der Goldsucher, die durch keinerlei Drohung davon abzubringen waren, im Dschungel zu buddeln. Dabei waren die Schürfrechte dort längst dem staatlichen Minenkonzern „Companhia Vale do Rio Doce" (CVRD) zugesprochen worden.

Die ersten Goldfunde übertrafen alle Erwartungen. Kiloschwere „Pepitas" zogen Glücksritter aus der Erde. Wie ein Lauffeuer verbreitete sich die Nachricht vom neuen Eldorado Amazoniens im ganzen Lande. Es war nicht einmal ein Jahr vergangen, da hatten die „Garimpeiros" schon den Goldberg weggefressen und gingen nun daran, mit bloßen Händen, Schaufeln und Hacken ein immer größeres Loch in die Erde zu graben. Die Serra Pelada glich einem Ameisenhaufen: 80.000 wühlten sich durch den Schlamm, schleppten Säcke um Säcke, Tonnen um Tonnen Abraum über schwankende Leitern ans Licht, hackten, scharrten, zerwühlten die Erde und hatten nur eines im Sinn: Gold, Gold, Gold. Wieviele Tonnen Gold die Serra Pelada freigab, kann nicht einmal geschätzt werden – aber mehr als 40 Tonnen waren es wohl. Die Goldschürfer hausten in einer Zeltstadt, in der keine Frau geduldet und kein Tropfen Alkohol ausgeschenkt wurde. Dafür sorgte Major „Zeisig", den die dankbaren Digger zum Abgeordneten wählten und auf dessen Namen sie die Stadt „Curionópolis" tauften, eine Ansammlung von Bars und Bordellen, die im sicheren Abstand von 60 Kilometern von der Goldgrube entfernt aus dem Boden schoss.

So schnell wie die Goldsucher gekommen waren, so schnell waren sie wieder verschwunden. Es gab neue Funde, am Rio Tapajós, in Mato Grosso und Roraima. Um die Serra Pelada wurde es still. Der Krater, in dem es einst von Menschen wimmelte, lief voll Wasser, die Hütten verfielen, nur noch ein paar Unentwegte suchten im alten Abraum nach ihrem Glück. Die „Vale" zog einen Zaun um die Serra Pelada. Die Geologen des Minenkonzerns hatten keinen Zweifel: die „Garimpeiros" hatten nur ein wenig an der Oberfläche gekratzt. In 400 Metern Tiefe – unerreichbar für solche Amateure – würden noch mindestens 150 Tonnen Gold zu finden sein.

Doch jetzt sind sie wieder da, die „Amateure". „Ich lasse mich nicht vertreiben. Sie müssen mir schon den Kopf abschneiden", tönt Mauríco Braga de

Souza. Er ist einer unter den 6.000 Garimpeiros, die ihre Zelte aus Plastik am Pistenrand aufgeschlagen haben und hin und wieder die Straße blockieren, wenn die „Vale" mit ihren Fahrzeugen Bohrmaterial in die Serra schaffen will. „Wir lassen uns nicht abschlachten wie die Kerle in Eldorado dos Carajás", pflichten die anderen Stoppelgesichter bei.

Die Garimpeiros haben mit einer Kette die Piste in die Serra Pelada blockiert. „Die Serra Pelada gehört uns!" Sechstausend Männer wollen nicht zulassen, dass der Schatz der Serra von einem Industrieunternehmen gehoben wird, das nie im Traum daran dächte, diese zahnlosen, ausgemergelten Nomaden und Abenteurer zu kontraktieren. „Wir haben diese Kerle fünfzehn Jahre auf unserem Prospektionsgebiet buddeln lassen. Jetzt ist Schluss! Mit den Methoden dieser Glücksritter wird die Umwelt kaputtgemacht - und nur ein Bruchteil des Goldes wirklich gehoben", ereifern sich die Ingenieure der „Companhia Vale do Rio Doce".

Die Wolken schleppen flammend rote Bäuche, die Nacht bricht an. Vor den Hütten hocken die Alten; Kinder spielen im Staub. Ivan holt seine Gitarre. In der „Bar Moura" rücken Kunden und Mädchen zusammen. Sie singen traurige Sertanejo-Lieder von Lampião, dem Banditen, und Maria Bonita, seiner Geliebten. Die Mädchen heulen ein bisschen, und in den Mündern der Männer blitzen Goldkronen auf.

Waldfresser und Waldpfleger

Den Strom hinauf durch die Baumkronen schiebt sich ein silbernes Ungetüm. Lautlos schwimmt der Drachen näher und wächst, als wolle er den Fluss verschlingen. Auf dem Rücken des Ungeheuers krabbeln menschliche Wesen! Die schwimmende Fabrik aus der japanischen Werft Ishi-Kawajima-Harima wird die Wälder fressen, aus denen die Caboclos, die Kautschukzapfer, Jäger und Sammler bislang ihr karges Leben bestritten haben. Erbarmungslos wie eine gigantische Heuschrecke wird sie die Bäume zermalmen, und aus ihrem Saft werden die Fremden madenweiße Fladen backen, die sie mit großen Schiffen wegschaffen nach Europa, in die Welt hinaus.

So mag man es sich erzählt haben, in den Palmhütten und Holzbaracken am Ufer des Rio Jari, damals, vor drei Jahrzehnten. Das Industriezeitalter war über Nacht in Ostamazonien hereingebrochen. Weil ein Greis in New York sich in den Kopf gesetzt hatte, die Welt mit Zellulose zu versorgen. Dieser Greis war Daniel Keith Ludwig, einer der reichsten Magnaten Amerikas. Ludwig hatte sich vom Eigner eines Ruderbootes zum Reeder einer stolzen Handelsflotte, Boss eines internationalen Minenkonzerns und König einer Hotelkette hochgeboxt. Der Weltkrieg brachte ihm das große Glück, denn die Army brauchte Truppentransporter und Sprit, Daniel K. Ludwig hatte beides. Doch für die Zukunft sah er Mangel an Papier und Nahrungsmitteln voraus, und das Geschäft wollte sich der Chef von „National Bull Carriers" nicht entgehen lassen.

War der tropische Regenwald nicht eine Schatzkammer der Natur? Sie zu heben und zu plündern, davon träumte der Amerikaner wohl. Wo Baumriesen wuchsen, würden auch Nutzhölzer sprießen und Reisfelder gedeihen. Ludwig schickte seine Späher um den Globus. In Indonesien pflanzte man die schnell wachsende Pappel (Gmelina arborea) für die Herstellung von Zellulose, in Panama ließ Ludwig mit Gmelina Versuchsfarmen anlegen. Aber Panama war viel zu klein für das Projekt. Brasilien, Amazonien, Rio Jari! Die Anwälte Ludwigs kauften Land, das sie höchstens aus dem Flugzeug gesehen hatten, Land ohne Ende, das ein paar komischen Portugiesen in Belém gehörte, die es spottbillig abgaben. Ludwig-Land: ein Territorium so groß wie halb Belgien. Daniel K. Ludwig hatte die ersten Supertanker bauen lassen und um die Welt geschickt, in seinem Reich ging die Sonne nicht unter. Die Holzfarmen vom Rio Jari würden ihm Millionen Tonnen Zellulose liefern. Aber um in dieser „grünen Hölle" eine Zellstoff-Fabrik zu errichten, würde kostbare Zeit vergehen. Time is money, Ludwig war schon über 70 Jahre alt. Er ließ kurzerhand in Japan eine schwimmende Zellstoff-Fabrik samt Kraftwerk und Chemie-kombinat vom Stapel laufen – und um die halbe Welt an den Amazonas schif-fen. So einen gigantischen Umzug rund ums Kap der Guten Hoffnung (der Panama-Kanal war zu eng) hatte die Welt noch nicht gesehen.

Noch bevor die schwimmende Fabrik ihre Weltreise antrat, hatten Ludwigs Ingenieure auf beiden Ufern des Jari in den Dschungel Schneisen geschlagen, den Wald gerodet und Baumschulen angelegt. Eine nordamerikanische Klein-stadt mit schmucken Bungalows entstand in Monte Dourado, dem „Goldenen Berg". Flugzeuge und Schiffe brachten jeden Tag mehr Arbeiter, Förster, In-genieure aus aller Herren Länder heran. Der Dschungel stand den Plantagen für schnellwachsenden Pappeln im Wege, die Sümpfe am Rio Jari waren trok-kenzulegen oder einzudämmen für die Reisfelder: time is money! Daniel K. Ludwig ging es nicht rasch genug, er wechselte seine Generaldirektoren schneller als die Gmelina-Bäume wuchsen. Für Forschung und Entwicklung blieb keine Zeit.

Als die japanischen Ingenieure schließlich die Zellstoff-Fabrik und das Che-miewerk auf 3.700 Maçaranduba-Baumstämmen im Flußbett verankert hatten, die Förderbänder liefen und es im Innern der Brennkammern, Kühlschlangen und Druckkessel zu brodeln begann, – da fehlte immer noch das Holz zur Verarbeitung; es musste erst einmal, wie die Fabrik, aus Asien importiert wer-den.

Gmelina arborea wollte nicht so schnell und so üppig wie in Asien wachsen. Irgend etwas war falsch gelaufen. Auch die Reis-Kulturen kamen nicht voran. Am schlimmsten war die Pilz-Plage, die so gut wie alle Pappeln hinraffte, be-vor sie schnitt- und fabrikreif waren. „Wir haben hier eine Fabrik aufgebaut, um Lastwagen zu produzieren, und heraus kommen gerade mal Schubkarren", klagen die amerikanischen Ingenieure. Mit neuen Baumsorten, mit Eukalyptus und Kiefer, soll sich das Blatt wenden. Doch dazu kommt es nicht mehr. Die brasilianische Militärregierung wirft Ludwig Knüppel zwischen die Beine, ihr passt es nicht, dass ein Gringo in Amazonien sein eigenes Reich errichtet, ei-nes mit aircondition und caterpillar. Ludwig darf kein Wasserkraftwerk bau-en, Ludwig darf keine Brasilianer mehr beschäftigen, Ludwig stört die Pläne der Militärs, die auf eigene Faust und über die Transamazônica Amazonien erschließen wollen.

Ludwig gibt unter dem Druck der Militärs und angesichts der Fehlschläge auf. Über eine Milliarde Dollar hat er in den Sand gesetzt. Ein Chemiekombinat im Dschungel und eine Million Hektar Wald lassen sich nicht wie eine Flotte Öltanker herumdirigieren. Der Regenwald ist kein Golfplatz, die brasilianischen Beamten sind zu geldgierig und time is not money, jedenfalls nicht in den Tropen.

Daniel K. Ludwig hätte es besser wissen müssen. Nur 1000 Kilometer den Amazonas stromauf, am Rio Tapajós, war wenige Jahre zuvor Henry Ford gescheitert. In Fordlândia und Belterra, 200 Kilometer südlich von Santarém, hatte der Autokonzern auf 100.000 Hektar Kautschukplantagen anlegen lassen. Amerika befand sich im Krieg, und die Japaner hatten Malaysia mit seinen Kautschuk-Plantagen besetzt. Was lag näher, „Hevea brasiliensis", den Gummibaum, dort in Reih und Glied zu züchten, wo er schon immer wild gewachsen und den Kautschuk-Königen zur Jahrhundertwende sagenhaften Reichtum beschert hatte? Doch in Fordlândia waren die Ernten schließlich alle einer Pilz-Epidemie zum Opfer gefallen. Vertrugen sich großflächige Monokulturen mit tropischem Klima? Vertrugen sich überhaupt die Menschheitsträume vom Eldorado mit der Wirklichkeit Amazoniens? Waren nicht am Marmoré die kühnen Pläne einer transkontinentalen Eisenbahnverbindung in den Malaria-verseuchten Sümpfen ertrunken?

Der Dinosaurier zischt und röhrt und stößt einen stechenden Gestank von faulen Eiern aus, bevor man ihn überhaupt zu Gesicht bekommt. Mit einem doppelten Zaun ist das Gehege verschlossen, Wachposten kontrollieren penibel den Zugang. Die Piste führt an Bergen von Schnittholz vorbei geradewegs zur Fabrik. Aus ihren Schloten sprudeln Schwaden, die wie Weißwürste in den Himmel quellen, giftgelbe Rülpser brechen aus dem gleißenden Gedärm, kochende Erbsbrühe schießt blubbernd aus den Kesseln ins Freie. Schutzhelm auf und Stöpsel in die Ohren, für die Nase muss ein Taschentuch reichen! Es geht über endlose Stahltreppen fünf Stockwerke hoch und wieder herunter, kreuz und quer durch labyrinthische Eingeweide. Irgendwo ganz oben im Gehirn, da hocken ein Dutzend Blaukittel vor Schalttafeln und Druckanzeigern, schreien in Funktelefone und fummeln an den Armaturen. Wenn jetzt bloß nicht der ganze Laden in die Luft fliegt! Die Stahlplanken zittern, die Luft ist zum Schneiden. Bloß keine Röhren berühren, bloß nicht auf dem rostigen Eisen ausrutschen!

In dieser Fabrik werden Wälder zermahlen, zerkocht, gebleicht und zu Teig verrührt, der schließlich in breite, weiße Zellulosebahnen ausgewalzt, geschnitten und versendet wird: in handlichen 250 Kilo-Paketen. Was einmal ein schlanker Baum war, kommt als plumpes Bündel wieder heraus – Öle, Säuren und Harze sind vorher durch aggressive Chemikalien – zum Beispiel Chlor – herausgespült und abgezapft worden, sie dienen als Grundstoffe von Klebern, Lacken und Farben. Eine Zellulosefabrik gleicht einer chemischen Metzgerei:

aus dem Naturprodukt Holz werden die Muskeln, das Blut und die Knochen gelöst, und aus den Knochen wird später Papier gemacht. Die Fabrik von Jari hat nun schon fünfundzwanzig Jahre auf dem Buckel, für zwanzig Jahre Lebensdauer war sie ausgelegt. Werden die Rohre nicht einmal platzen? Werden die Baumstämme nicht faulen, auf denen die Fabrik lagert? Ist dieser Koloss denn überhaupt noch bei den steigenden Reparaturkosten rentabel? Die Ingenieure beteuern das. Die Zellstoff-Fabrik von Jari könnte sogar mit noch höherer Auslastung gefahren werden, und irgendwann wird man ganz auf Chlor-Bleichung verzichten. Die weltweit strengsten Umweltzertifikate habe man schon jetzt erfüllt. Jari rechnet sich, Jari macht nicht mehr Dreck als die Zellulose-Fabriken in Deutschland und Skandinavien. Wenn eine Giftwolke ausbricht, soll man sich im rechten Winkel zur Windrichtung entfernen, mahnt eine Tafel die Arbeiter.

Tausend Tonnen Holz verschlingt die Fabrik in 24 Stunden, pro Jahr also 365mal soviel. Mit gigantischen Lastwagen und über eine eigene Eisenbahnstrecke werden die Stämme herangekarrt. „Es könnte noch viel mehr sein, wenn wir nicht darauf achteten, dass höchstens sieben Prozent des Gebietes mit schnellwachsenden Nutzhölzern besetzt werden, denn wir lassen den Urwald stehen. Nur auf den Hochplateaus wird gerodet und aufgeforstet, an den von Erosion bedrohten Hängen, in den Wasserschutzgebieten, auf den armen Böden bleibt der Wald, wie er seit Jahrtausenden wächst", erklärt der Biologe und Umweltbeauftragte Luiz Cláudio Castro.

Diese Nutzholzforste, diese Spargelwälder sind an trauriger Monotonie kaum zu übertreffen. Wie mit dem Lineal gezogen: hundert, tausend Kolonnen einer schweigenden Armee, stramm in Reih und Glied, so wie die Fichtenforste Norddeutschlands – man sieht den Wald vor lauter Bäumen nicht. Und kein Vogel zwitschert. Allerdings: romantisch wirkt der Regenwald am gegenüberliegenden Pistenrand auch nicht, vefilzt und verlumpt, wie ein ungekämmtes Aschenputtel präsentiert er sich.

Sind die Eukalyptus-Monokulturen Mörderwälder? Der Biologe Luiz Cláudio Castro versucht die Dinge zurechtzurücken. Erstens gäbe es 600 verschiedene Eukalyptus-Arten. Zweitens: wieviel Baumsorten wüchsen denn in Europa? In den großflächigen Bio-Reserven des Projekto Jari hätte man über tausend Arten gezählt, erforscht und geschützt. Drittens: die Nutzholzwälder bleiben winzige Inseln im Meer des Regenwaldes, die biologische Vielfalt des Gebietes wird dadurch – anders als in den hochgezüchteten Kultursteppen Europas – nur unwesentlich beeinträchtigt.

Wieviel Kilometer Pisten sind wir heute gefahren – ohne auch nur einen Bruchteil der 1.682.000 Hektar des Jari-Reiches gesehen zu haben? Von der

Veranda des Gäste-Hauses der Kompanie schweift der Blick hinunter in das Tal des Rio Jari. Erinnern die sanften Hänge, der mäandrierende Strom und der Chemieduft nicht ein wenig an den Rhein? Aus romantischen Träumen gerissen, in die Welt von Frankenstein: Hoffentlich macht man das nie mit den Menschen: aus einem einzigen Erbgut gleich ein paar Millionen Monster zu klonen. Genau das aber ist das Ziel der „Baumschule" von Jari. Auf den flugplatzgroßen Feldern unter Tarnnetzen, die die Sonne filtern, reifen die jüngsten Generationen der Nutzholzarmee heran. Selektion, Reproduktion, Vivisektion. Nur robuste Bäume, die schnell wachsen, starke, lange Fasern entwickeln und auf unnütze Äste verzichten, haben eine Chance zur Vaterschaft. Alle Mucker werden ausgesiebt. Die Muskelprotze unter den Eukalyptus- und Pinien-Bäumen sind gefragt. Ein Dutzend Frauen schneidet aus deren Kronen fingerlange Triebe ab und bettet die Setzlinge in Reagenzgläser aus Plastik, die dann im Tausend-Pack gleich tausendmal Tag und Nacht genährt und gepäppelt werden. Ein Nutzholzbaum ist Zeit seines Lebens nie allein.

Die Züchtung immer neuer, immer produktiverer Pflanzen erinnert an den Hochleistungssport. In beiden Fällen gibt es eine unsichtbare Grenze – die erreicht wird, wenn der Züchtungsaufwand in keinem Verhältnis mehr zum Produktivitäts- bzw. Leistungszuwachs steht. Und außerdem – je höher spezialisiert die menschlichen Zuchtprodukte sind, desto größer ist auch ihrer Anfälligkeit für Krankheiten und Seuchen. Deshalb sehen die Biologen den Genetikern skeptisch auf die Finger. Was sind schon ein paar menschlich manipulierte Baum-Generationen gegen ein paar Jahrmillionen, die die Natur mit der Erbmasse gespielt hat?

Doch am Rio Jari ist so vieles künstlich: Die sterile Werkssiedlung „Monte Dourado"; die monotonen Nutzholzwälder, die aus Flughöhe englischem Rasen gleichen; die Werkskantinen, der Freizeitclub. Das wilde Leben tobt draußen, am anderen Ufer mit seinen Kneipen und Kaschemmen, billigen Bars und Bordellen, dem Sonntagsmarkt und den Sonntagsschulen der Erweckungsprediger, den Goldgräbernestern und Schlangengruben. In Beiradão ragen die Hütten auf Stelzen aus dem Morast, die Haupstraße ist mit Planken gepflastert, und jedesmal zum Ende der Regenzeit steigt das Wasser bis an die Firste der Bretterbuden. Dort hausen drei mal so viele Menschen wie in der Werkssiedlung Monte Dourado wohnen, und jeder zweite hofft, irgendwann von der Companhia do Jari angeheuert zu werden und auf dem anderen Ufer sein Glück zu finden. Doch so einfach ist das nicht, der Strom teilt nicht nur die Bundesstaaten Amapá und Pará voneinander, sondern auch die Habenichtse von den Arbeitsplatzbesitzern.

Wir lassen die rachitischen Pfahlbauten weit zurück. Wie in einem aquatischen Tobogan schießen wir über die Wasserfläche, legen uns in die Kurve, zischen rasiermesserscharf an halb abgesoffenen Baumstämmen vorbei in tiefgrüne Tunnel. Laubengänge saugen uns auf, schweigende Blättersäle und schwimmende Gärten öffnen sich, flammende Blütenkaskaden treiben vorüber.

Irgendwo da draußen im grünen Dickicht warten die Seringueiros, die Gummizapfer, auf uns. Die Companhia do Jari hat mit den Sammlern von Kautschuk und Para-Nüssen Handelsverträge geschlossen: Jari kauft die Sammelprodukte – und die Seringueiros sorgen dafür, dass der Wald stehen bleibt. In der Companhia ist man auf dieses Projekt besonders stolz: es soll wohl seine Umweltfreundlichkeit beweisen? Selbst der Umwelt-Guru José Lutzenberger habe sich in Jari eines Besseren belehren lassen. Wovon? Dass eine Zellstoff-Fabrik auch nur mit Wasser kocht? Dass Monokultur „sauber" ist? Dass die Verantwortlichen des Mega-Projekts Jari auch an die Umwelt denken? Dass, ganz nebenbei, in Jari auch noch die größte Buffalo-Herde des Landes grast?

„Guten Tag!" schallt es aus dem Busch. Ein Mann in Pluderhosen und Stulpenstiefeln tritt hervor, um den Hals hat er ein rotes Tuch gebunden, in der Hand hält er die Kalebasse mit dem Mate-Tee: ein waschechter Gaucho namens Euclides Reckziegel. Er arbeitet seit 27 Jahren für die Companhia, und keine zehn Pferde bringen ihn wieder weg. Aber was wäre ein Gaucho ohne Churrasco? Die Glut ist noch warm, der Duft von Rindersteaks steigt in die Nase. Aber um sich auf die faule Haut zu legen, fehlt die Zeit. Reckziegel hat sich in den Kopf gesetzt, sein Leben im Wald vom Hölzchen zum Stöckchen zu erzählen. Ist er nicht ein Bäume-General, ein Feldherr der Baumarmeen? Doch die wahre Liebe des Gauchos gilt dem Regenwald. Mit der Machete schlägt er einen Pfad ins Dickicht, und urplötzlich stehen wir vor einem amazonischen Wotansbaum: vierzig, vielleicht sogar fünfzig Meter mag dieser Para-Nuss-Baum in den Himmel ragen, fünf Menschen reichen nicht aus, seinen Stamm zu umarmen. Vier- oder oder fünfhundert Jahresringe mag dieser Riese tragen, vielleicht hat er schon hier gestanden, als Kolumbus Amerika betrat.

„Hier, schau mal", Reckziegel hockt sich in die Knie, streichelt mit den Händen den Boden, „kein Humus, nur Blätter; aber schau mal dadrunter: schon haben sich winzige kleine Saugrüssel, winzige Wurzeln an das vertrocknete Laub geheftet, die mikroskopische Reste an Energie und Nahrung aus der Biomasse saugen. Was sind schon unsere plumpen Zellstoff-Fabriken dagegen?"

*****

Das harte Holz der Tropen: Roman Jann bringt so schnell nichts aus der Ruhe. Doch in dem bedächtigen Schweizer muß ein Funken „Fitzcarraldo" stekken. Wohl nicht nur, weil er die Liebe zur klassischen Musik mit dem legendären Kautschukkönig teilt: Roman Jann würde so gerne das Schweizer Jugend-Sinfonie-Orchester, das er einst gegründet hat, zu sich an den Amazonas holen. Doch derzeit muss sich der ehemalige Steueranwalt um weit prosaischere Dinge kümmern: der Forstbetrieb und das Sägewerk „Mil Madereira" der Holding „Precious Wood" sollen endlich Gewinn abwerfen. Und dass der Betrieb für „nachhaltige, umweltschondende Nutzung von Tropenholz" ausgezeichnet wird.

Fitzcarraldo trieb die Geldgier in die Grüne Hölle. Was den Feingeist Roman Jann motiviert, sich mit Moskitos, Machos und Motorsägen abzurackern, lässt er kaum durchblicken. Es muss wohl seine Hoffnung und die Erwartung der Aktionäre von „Precious Wood" sein, prominente Schweizer sind darunter, dass „die beste Art den Tropenwald zu schützen, ist, ihn zu nutzen".

Das ist das Credo, das sie eint, die 650 Anteilseigner von „Precious Wood", die Leute von der deutschen „Initiative Tropenwald" und einige brasilianische Fachleute, die davon träumen, einen „Blauen Engel" einzuführen, der seine Hand schützend über die Regenwälder hält und den Käufern von Tropenholz das Gewissen erleichtern soll - ein Zertifikat der Unbedenklichkeit.

Weder einen Tropenholz-Boykott noch die Vernichtung der Regenwälder kann sich die Menschheit wünschen. „Der beste Schutz der Naturwälder wird gewährleistet, wenn die einheimische Bevölkerung erkennt, dass der Wald für sie einen existentiellen Wert hat", lautet etwas hölzern die Konsequenz, die „Precious Wood" gezogen hat. Das Naturkapital darf nicht vernichtet werden, wenn es Zinsen tragen soll, könnte man hinzufügen. Bloß, wie kann diese Idee in die Praxis umgesetzt werden?

In Itacoatiara, einem Weiler am Amazonas, 240 Kilometer östlich von Manaus, haben die Schweizer 1994 rund 840 Quadratkilometer Land gekauft, eine Fläche so groß wie Berlin, die fast zur Gänze von dichtem Regenwald bewachsen ist. Der soll stehen bleiben und Zinsen bringen. Die Leute von „Mil Madereira" holen nur zwanzig Bäume pro Hektar heraus, und das auch nur, so ist es vorgesehen, alle 25 Jahre.

Einen Baumriesen zu fällen, dauert etwa so lange, wie eine Kuh zu schlachten. Die beiden Holzfäller fräsen einen Keilschnitt, der die Fallrichtung bestimmt. Dann schneiden sie mit der Kettensäge tief in den Schaft hinein. Zuletzt werden die beindicken Brettwurzeln abgetrennt, die dem Stamm stützen. Losgelöst von seinen Krücken, fällt der Riese ächzend um und donnert auf die Erde, die erbebt. Wie nach einem Bombeneinschlag prasseln noch Trümmer durch die Luft. Tödliches Schweigen kurz darauf: 20 Tonnen Tropenholz liegen am Boden.

Die Forstleute trennen nun den Stamm in zwei, drei große Stücke und ziehen sie mit einer Seilwinde durch das Dickicht heraus. Ein Caterpillar nimmt die Stämme in die Zange und schleppt sie über einen schmalen Pfad zur Piste, die ins Sägewerk führt. Wie die Kautschukzapfer, die die Rinde ritzen, ohne gleich den Baum zu vernichten, fügen die Forstleute von „Mil Madereira" dem Regenwald nur Kratzer zu, die schnell verheilen. Sie gehen mit dem Skalpell vor, während andere mit der Axt im Walde hausen. Die Schweizer haben an einer Stelle ihres Forstes, nur zum Vergleich, fremde Holzfäller wüten lassen – es sieht dort aus wie nach einem Flächenbombardement.

„Wir hingegen wollen, dass der Wald unsere Methode bestimmt", philosophiert Roman Jann. Seine Forstingenieure Tim van Eldik und Carlos Alberto Guerreiro hantieren mit Satellitenfotos und Klarsichtfolien: Die „Fazenda Dois Mil" ist in 25 Einschlaggebiete („compartimentos") von je rund 2.000 Hektar aufgeteilt, die zusammen 76 Prozent der Gesamtfläche ausmachen; hinzu kommen absolute Schutzgebiete (16 Prozent), zum Beispiel entlang der Flüsse und um die Quellen, die nicht angerührt werden; etwas über sieben Prozent der Gesamtfläche entfallen auf Wege und Wiesen und die Maniokfelder von 35 Familien, die dort schon länger hausen.

Pro Jahr wird nur in einem der „compartimentos" gefällt, das danach erst 25 Jahre später erneut genutzt wird. Jedes Einschlaggebiet wird durch Satelliten-Peilung ausgemessen und auf der Karte in 10-Hektar-Areale (250 x 400 Meter) unterteilt. Darüber kommt ein Gitternetz mit 20 Maschen, jetzt kann kaum ein Baumriese mehr den Augen der Prospektoren entwischen. Jeder Baum, der die Mindestforderungen – 50 Zentimeter Stammdurchmesser, gerader Wuchs, marktfähige, nicht unter Naturschutz stehende Sorte – erfüllt oder in 25 Jahren zu erfüllen verspricht, bekommt eine Nummer und seinen Gattungsnamen. Bevor die Holzfäller heranrücken, ist das Einschlaggebiet so genau geführt wie ein Flurstück im Kataster, die Bäume sind alle per Computer erkennungsdienstlich erfasst.

„Mil Madereira" möchte weit mehr als die gängigen Baumsorten nutzen, vielleicht einmal fünfzig statt dem üblichen Dutzend, doch der Markt scheint dazu noch nicht reif. Ist er überhaupt reif für eine solch aufwendige Einschlagtechnik, rechnet sich das? Roman Jann und seine Forstleute beteuern es. Die gründliche Vorbereitung des Einschlags sei natürlich teuer, andererseits komme man mit wenig Personal und leichten Maschinen aus und langfristig sei der Ertrag natürlich erheblich höher als bei der herkömmlichen Flächenrodung.

Ja, langfristig, „aber die Leute hier wollen Geld sehen. Wir sind gezwungen, aus dem Stand heraus, den Vorteil unserer Forstwirtschaft zu beweisen, nur dann können wir auch überzeugen", räsoniert Heinz Marx, der „rote Heinz" und rheinische Sandinista, der das Sägewerk leitet. Er weiß, wovon er spricht, denn in Nikaragua und Mexiko hat sich der gelernte Modelltischler damit abgeplagt, den Landbewohnern nachhaltige Holzwirtschaft zu erklären. „Mil Madereiras" macht alles allein, an eine Beteiligung der Landbewohner, der „Caboclos", die für andere Sägewerke fällen, ist vorerst nicht gedacht. Man wäre ja schon ganz froh, wenn die 320 eigenen Arbeiter draußen erzählten, wie man Bäume fällen kann, ohne den Wald umzulegen.

Wo gehobelt wird, fallen Späne, auch im Sägewerk der Schweizer. Bandsäge, Walzensäumer, Nahtschnitt- und Kerbsägen filetieren die Baumstämme zu handelsüblichem Schnittholz, das sich in Chemiebädern und Trockenkammern zu haltbarer Handelsware verwandelt. „Wenn wir hier nicht mehr Fertigungstiefe erreichen, können wir den Laden dicht machen", lässt Heinz Marx an einem feuchten Abend seiner Seele freien Lauf. Natürlich, das haben auch die Aktionäre längst erkannt. Also werden teure Maschinen importiert, sie schwimmen noch irgendwo auf dem Amazonas.

„Precious Wood" liefert demnächst Bausätze für eine englische Möbelfirma. Und außerdem gibt es noch diesen Werner Riedel vor Ort, einen Österreicher. Den hat es vom Chemielabor über eine Baufirma und die glückliche Allianz mit einer vermögenden Frau nach Itacoatiara verschlagen, wo er eine Parkettfabrik errichtet. „Meine besten Kunden sind die Pfaffen daheim", grinst er verschmitzt.

In der Kirche von Itacoatiara und auch im Kabinett des Herrn Bürgermeisters liegt kein Parkett. Aber die Rückwand seines Büros ziert ein Wandgemälde: eine rote Sonne geht über einer Wüste auf, aus der ein paar rachitische Bäume ihre Krallen in den Himmel strecken. Roman Jann kommt gleich zur Sache: man knüpfe „Precious Wood" an Hafengebühren mehr Geld ab als jeder Kubikmeter Kantholz bis zur Verladung koste. So ginge das nicht. Bürgermeister Miron verspricht, der Sache nachzugehen, obwohl bekanntlich ja der Hafen Bundesangelegenheit sei, aber als erfahrener Angestellter der beiden übrigen ortsansässigen Holzunternehmen fühle er sich auch persönlich betroffen. Sein Sekretär für besondere Angelegenheiten greift ein: er sei Holzhändler und verstehe nicht, warum „Precious Wood" solch horrende Gebühren zahle.

Roman Jann bucht die erstmalige Begegnung mit dem Bürgermeister, der ganz offenbar ein Mann der Konkurrenz und des Kahlschlags ist, als „lehrreiches Erlebnis" ab. Die Schweizer haben keinerlei Recherchen angestellt, auf welchem politischem Terrain, in welchem Sumpf sie sich bewegen. „Precious

Wood" ist wie ein Raumschiff mit einer Besatzung von Ausländern auf der „Fazenda Dois Mil" gelandet. Offenbar haben sie geglaubt, ein schönes Abkommen mit Amazonino Mendes, dem damaligen Gouverneur des Bundesstaates Amazonas, würde als Empfehlung schon reichen.

Dieser Amazonino Mendes hat sich vom Saulus zum Paulus gewandelt. Vor ein paar Jahren wollte er noch an alle Leute Motorsägen verteilen. „Ein Irrtum. Mir ging es nur darum, den Caboclos das Leben zu erleichtern, ich bin ja selber der Sohn eines Kautschuksammlers, ich weiß, wovon ich spreche. Auf keinen Fall wollte ich damit die großflächige Abholzung fördern. Wir sind stolz darauf, dass in unserem Bundesstaat Amazonas noch 98 Prozent der Fläche intakter Regenwald sind. Das soll auch so bleiben. Wir haben deshalb ein neues Forstgesetz verabschiedet, das nachhaltige Holzwirtschaft vorschreibt. Degradierte Flächen werden aufgeforstet, Holz darf nur selektiv und in Abständen von zwanzig Jahren geschlagen werden, Bäume mit weniger als 50 Zentimetern Durchmesser bleiben stehen. Wir wollen nicht dasselbe Schicksal wie die in Pará oder Mato Grosso erleiden – dass aus unserem Land eine Wüste wird."

Amazonino behauptet, er habe schon dreistellige Millionenbeträge asiatischer Holzkonzerne abgelehnt, die im Staat Amazonas Einschlag-Konzessionen erwerben wollten – und die Asiaten sollen das Weite gesucht haben. Aber das Unternehmen Gethal-Amazonas S.A., produziert bereits seit zwanzig Jahren in Itacoatiara Furniere und Sperrholz aus Tropenholz. Der Betrieb ist die Nummer Eins im Holzexport Amazoniens, die westfälische Westag&Getalit AG hat 1996 ein Viertel ihres Aktienkapitals erworben. Die Gethal ist in Itacoatiara der größte Arbeitnehmer vor Ort. Die Furnier- und Sperrholzfabrik bezieht ihren Rohstoff aus acht Einschlaggebieten im Umkreis von rund 1000 Kilometern. Längst haben auch die Gethal-Leute erkannt, dass es ihrem Geschäft gut bekommt, wenn sie umweltfreundlich produzieren. Deren Forstwirt Fernando Lüdke lässt sich nicht bremsen, selbst im strömenden Regen dem interessierten Gast das „Fomento Florestal" zu zeigen, ein Aufforstungsgebiet degradierter Flächen, das das Unternehmen zusammen mit Caboclos betreibt: Gethal stellt die Setzlinge, die Waldbewohner pflanzen und hegen unter technischer Beratung den künftigen Forst und teilen sich später mit dem Unternehmen den Gewinn.

„Wir wollen selbstverständlich auch als grünes Holzunternehmen beurteilt werden", gibt Fernando Lüdke im schönsten Pfälzisch der Deutsch-Brasilianer zu Protokoll. Einen Umweltsiegel auch für Sperrholzplatten aus Tropenholz? „Die Sache ist etwas komplizierter", erklärt Stefan Schardt von der Tropenholz-Initiative, „wir können auf keine Endprodukte das Siegel draufpappen.

Jedes Möbelstück beispielsweise besteht aus sehr unterschiedlichen Hölzern, die aus einem Dutzend Händlernetzen und Produktionsketten stammen können – wie soll da eine Identifizierung möglich sein? Was wir aber können, ist zusammen mit Umweltverbänden und unabhängigen Experten Unternehmen auszeichnen, die ökologisch korrekt arbeiten."

Also: nichts mit dem „Blauen Engel" auf Kinderbetten und Fensterrahmen. Stattdessen Zertifikate über forstwirtschaftliche Bewirtschaftungsqualität, die unabhängige Experten nach strengen Kriterien vergeben. Wenn „Mil Madereira" als Öko-Muster-Betrieb ausgezeichnet wird, kann Roman Jann sein Orchester aufspielen lassen.

Doch das darf nur die Ouvertüre sein. Bis zum selbstgesteckten Ziel, die Bevölkerung zu beteiligen, damit „sie erkennt, dass der Wald für sie (und nicht nur für die „Precious Wood" - Aktionäre) einen existentiellen Wert hat", muss Roman Jann wohl noch einige „Leidensjahre" unter Machos und Moskitos ertragen.

Tanze, Bahia!

Karnevals Himmelfahrt: mit dem „Lacerda"-Aufzug geht es von Salvadors Hafenbecken 70 Meter senkrecht hoch geradewegs in den karnevalesken Hexenkessel. Die Luft gärt in einer Wolke aus Bierdunst und Schweiß, in die die Blitze der „Trios Elétricos" mit ohrenbetäubendem Rhythmus schlagen. Am besten ist man bloß mit einer Badehose bekleidet, hat das Geld in den Schuhen versteckt und lässt sich mit der schwarzen Menschenlava treiben; gegen den Strom zu rudern, ist sinnlos.

Das Denkmal von Castro Alves, dem Dichter der Sklavenbefreiung, mag als rettender Felsen dienen. Ihm zu Füßen die schwarze Magma. 200.000 Beine sind auf der Straße. Es hüpft und wogt und tobt. Die ohrenbetäubende Musik aus den Lautsprecherbatterien der Trios Elétricos wirkt wie Adrenalin auf die zuckenden Leiber. Die Droge wird mit 100.000 Watt verabreicht. Die Trios schieben sich langsam durch die aufgepeitschte See. Es sind haushohe Lastwagen-Elefanten, vollgestopft mit Elektronik und Verstärkern, die den Phonpegel von Presslufthämmern erzeugen. Auf dem Dach der buntbemalten Ungetüme malträtieren ein Dutzend delirierende Gestalten Gitarren und Trommeln bis zur äußersten Materialbelastung.

Das Bier ist schneller ausgeschwitzt als getrunken. Es wird gekifft und geschnüffelt. Reihum drückt man sich Damenbinden („Lolos"), mit ätherischen Dämpfen getränkt, an die Nase. Der Verkauf von hartem Alkohol ist verboten. Also bringen die Baianos ihre „Batidas" mit. Das Zeug, hochprozentiger Zuckerrohrschnaps mit Fruchtsaft verschnitten, wird aus Spüli-Plastikflaschen geschluckt, und ihr Inhalt reicht aus, um ein Gehirn auszuknipsen. Doch keiner taumelt und wankt, denn alles ist Rausch und Delirium.

Ungerührt hocken die schwarzen Köchinnen vor ihren Feuerstellen inmitten der Menge. Im siedenden Fett kullern die pikanten Pfannkuchen und die gepfefferten Fische. Aststarke Arme rühren im Brei. Ihre Trägerinnen sind in weiße Spitzen gekleidet. Sie sehen aus wie aus der Pralinenschachtel gepflückt. Gleich daneben knastern Fleischspieße auf dem Rost und Bierdosen dümpeln im Eis. Ihr Inhalt reicht für gut zehn Meter Tanz. Danach wird die Dose wieder zu plattem Blech unter den stampfenden Füßen.

Den Trios Elétricos folgen die „blocos", die Karnevalsvereine, die entschlossen ihr Territorium mit Tauen abgrenzen. Nur die organisierten Jecken tragen Kostüme. Die Volksmassen sind so wie sie sind: T-shirt und Badehose. Karneval in Salvador da Bahia ist Karneval der Straße.

Die Reisebüros schicken die Touristen lieber nach Rio, wo sie auf Tribünen sitzend das lärmende Volk im sicheren Abstand vorüberziehen lassen. Der Karneval von Salvador da Bahia verzichtet auf Sambaschulen, Glamour und Prunk. Die Trommeln Afrikas donnern: 450 Jahre Karneval in Bahia! Die Menschenmauern werden schier undurchdringlich. Aber nicht nur auf dem Pflaster, auch über den Köpfen türmen sich die Hindernisse. Es sind die Telefon-, Licht- und Starkstromkabel, die den Weg der Trios versperren. Das Kabelspagetti hängt bedrohlich tief, aber die Jungen oben auf dem Musik-Mammut greifen beherzt und mit beiden Händen zu, heben die schlappen Kabel an, als würden sie ihre Hose hochziehen, und dann kriecht der schwere Mercedes-Laster mit angemessener Lautstärke und Langsamkeit darunter durch. Statt der zu erwartenden Blitze und Elektroexekutionen brechen nun wieder Schlagzeug-Gewitter los. Kann es sein, dass die Babies in Bahia vor dem Krabbeln Tanzen lernen? Es muss so sein.

Am Donnerstag hat der Bürgermeister dem Karnevalskönig, „Rei Momo", einem schwarzen Fünftel-Tonner, die Stadtschlüssel übergeben; eine Woche lang hat die Staatsmacht nichts mehr zu bestellen. Der Karneval ist der Kehraus des Sommers. Im Karneval von Salvador da Bahia werden „die kollektive, ethnische Identität und die gemeinsamen Werte und Traditionen wiederbelebt und bestätigt" – so die klugen Anthropologen, die sich den Kopf über die afro-brasilianischen Kulte zerbrechen. Bis dahin aber werden noch viele Bierdosen plattgewalzt.

Der Blinde starrt auf den Ball

„Goooooooooool!" Ein Urschrei aus brasilianischer Brust. „Tooooor!" Der Kriegsschrei einer Nation. Der vierfache Fußball-Weltmeister Brasilien (1958 Schweden; 1962 Chile; 1970 Mexiko; 1994 USA): welche Nation kann den Gelbgrünen schon auf dem Rasen das Wasser reichen? „Goool!" Gool? Das klingt nicht nach lusitanischer Hochsprache. Die Nation von Pelé, Romário, Bebeto und Ronaldo hat den Fußball zwar zur wahren Kunst verzaubert, aber erfunden hat sie das runde Leder nicht. Das waren bekanntlich die Engländer. Das „Gool" kommt natürlich von „goal", und der Strafstoß blieb ein „penalty": alle Fachbezeichnungen des „football" stammen aus reinsten viktorianischen Quellen. Südlich des Äquators zerfließen die Bezeichnungen nur ein wenig in der Hitze: „Goool!"

Achttausend Fußballvereine und mindestens zehnmal so viele Teams, die dem Leder hinterher rennen. Ihre Jungs lernen eher Bälle treten als Laufen, behaupten die Brasilianer stolz. Nicht jedem Brasilianer sind die Namen der großen Spieler geläufig, aber alle, ob fußballbesessen oder nicht, kennen Pelé – Edson Arantes do Nascimento – der über 1.200 Tore geschossen hat und ein höchst erfolgreicher Geschäftsmann geworden ist.

Brasilien und der Fußball: eine hundert Jahre alte Leidenschaft, wie die Kulturanthropologin Cláudia Mattos die Geschichte mit dem runden Leder in ihrer Heimat beschreibt. Der Flirt begann im Schatten des Zuckerhuts, auf dem Wasser, in der Bucht von Botafogo. Dorthin pilgerten in der „Belle Epoque" die feinen Herrschaften ebenso wie die Dienstmädchen und die jüngst in die Freiheit entlassenen Sklaven, sich an einem sonntäglichen Spektakel zu delektieren: der Regatta der Ruder-Clubs. Unter den bewundernden Blicken frischgepuderter Damen, über deren Tugend strenge Herren in Bratröcken wachten, durften sich auf dem Wasser die jungen Herren Doctores in Bein- und Armarbeit messen. Es war halt Mode, und wie die Mode halt war, kam sie aus England.

„Para Inglês ver", heißt es heute noch: so tun als ob, oder: um den „Engländern zu Gefallen zu sein", und noch konkreter: Dem Patron gegenüber Arbeit vorschützen. England hatte zu Beginn des 19. Jahrhunderts den portugiesischen Hof vor Napoleon gerettet und aus Lissabon nach Rio de Janeiro verfrachtet. Zum Lohn dafür bekam die aufstrebende Industrienation den Handel in die Hand, im Kaiserreich Brasilien wie in der nachfolgenden Republik, den „Vereinigten Staaten von Brasilien".

Dieses Riesenreich war damals noch ein Land der offenen Grenzen und nur an seiner Küste besiedelt. Gegen Ende des 19. Jahrhunderts lebten in Rio de Janeiro etwas mehr als eine halbe Million Personen, davon ein rundes Drittel ehemalige Sklaven und Obdachlose, die ihre Hütten an die Felsenwände klebten. Man nannte die Armensiedlungen auf herrenlosem Grund „Favelas". Für die besseren Kreise kam damals das elektrische Licht in die Stadt. Man verlegte Kanäle, das Gelbfieber wurde besiegt, und die schmutzige verwinkelte Altstadt musste nach dem Vorbild von Paris breiten Avenidas weichen.

Woher konnte der Fortschritt nur kommen? Aus Europa natürlich. Am besten aus England. Englische Kaufleute stellten den Löwenanteil der Importeure, Ingenieure und Fabrikanten, die sich in Rio de Janeiro niedergelassen hatten. Und sie brachten ihre Vorlieben für Plumpudding, Kautabak und „sport" mit: den Wettkampf als solchen, auch unter mörderischer Tropensonne: Rudern zum Beispiel.

So war man denn bereit, der „sportlichen Mode" zu folgen und sich in die Riemen zu legen. 1895 erblickt der „Ruderclub Flamengo" das Licht der Welt, 1898 der von „Vasco": die portugiesische Kaufmannschaft feierte den 400. Geburtstag des berühmten Navigators „Vasco da Gama". Unter den sportlichen Eleven vom Ruderclub Flamengo befand sich ein gewisser Oscar Cox, der gerade von einem Studienaufenthalt in der Schweiz zurückgekehrt war. Cox hatte dort Fußballspiele gesehen, und er war entschlossen, diesen Sport in seinem Heimatland bekannt zu machen. Zurück in Rio de Janeiro vergingen aber noch Jahre, bis Cox ein Team von elf Spielern zusammen hatte. Gegen wen sollten die spielen? In Niterói, auf der anderen Seite der Guanabara-Bucht, da gab es einen englischen Cricket-Club; die Gentlemen ließen sich schließlich herab, gegen die „Eingeborenen" am 1. August 1901 eine Partie auszutragen: 1:1, immerhin!

Das Cox-Team machte von sich reden, aber im Ruderclub Flamengo waren die wadenfreien Balltreiber nicht besonders erwünscht. So entschloss man sich 1902, einen eigenen Club, „Fluminense", zu gründen. Cox und seine Fußballer fühlten sich ermuntert durch ein paar neureiche Bohemiens, deren Väter es zu beträchtlichem Vermögen gebracht hatten. Das prägte von Anfang an den Verein. „Fluminense" war bis in die dreißiger Jahre hinein ein exklusiver Club der feinen Gesellschaft, der Fußball spielte nur eine Nebenrolle. Richtige Senhores hielten die transpirierenden Burschen für abartige Sklaven, die Windhunden gleich hinter diesem Leder herhechelten. Poeten und Vaterlandsverteidiger wetterten lautstark gegen den neumodischen englischen Kram, den man bei „Fluminense" so pflegte.

Noch bedenklicher schien den Herrschaften die laxe Haltung der Fußballer in der Rassenfrage. Selbstredend war Farbigen jeder Sportclub verschlossen, es sei denn, sie wollten als Diener und Kellner anheuern. Dass sich aber nun unter das Fußball-Team ein Mulatte geschlichen hatte, dieser Carlos Alberto näm-lich, war skandalös, egal wie talentiert der Kerl auch war. Da nützte auch das Reismehl nichts, mit dem sich der arme Mulatte bepudert hatte; in der Hitze des Gefechts schwemmte der Schweiß die künstliche weiße Haut davon: „Reismehl", den Spitznamen trug Carlos Alberto nun, wurde bald wieder aus dem Verkehr gezogen.

„Fluminense" hat seinen arroganten Ruf bis heute erhalten, auch wenn der Club längst keine reichen Gönner mehr besitzt. Die Sportler von „Fluminen-se" träumten, so schreibt Cláudia Mattos, im Grunde von einer „neuen Ras-se", von einer arischen Zukunft für Brasilien, von neuen, selbstverständlich weißen Herrenmenschen. Das war natürlich eine Illusion, denn die Mehrheit der Bevölkerung trug schon damals eine braune Haut.

Oscar Cox, der unermüdliche Organisator, hatte Trikots aus London mitge-bracht. Doch statt für „Fluminense" zu spielen, wechselte das Team zum Ru-derclub „Flamengo". Nicht dass man dort die Ledertreter mit offenen Armen empfangen hätte, aber man duldete sie wenigstens als Außenseiter. Wenige Jahre darauf duldeten die Fußballer bei „Flamengo" die Ruderknechte als ko-mische Käuze.

Inzwischen hatte sich nämlich weltweit das Proletariat und mit ihm der Fuß-ball Gehör verschafft. Das „Volk" und die „Arbeiterschaft", das waren nun anerkannte Größen, und „Flamengo" blühte auf. Die „Garagen-Orgien" der Ledertreter machten Schlagzeilen, und die Väter warnten ihre Töchter vor den halbnackten Teufeln im schwarzroten Trikot. Eine Klosterschule sah sich gezwungen, die Nachbarschaft zum Fußballklub aufzukündigen, weil der An-blick dieser stämmigen Feld-Athleten für die Schülerinnen einfach zu „shok-king" war.

Doch dem Fußball tat der soziale Abstieg gut. Denn er gewann, wie der Sam-ba, die Massen. Und die waren nicht schneewittchenweiß. Aber weder beim aristokratischen Club „Fluminense" noch bei den pöbelhaften Aufsteigern von „Flamengo" wurden die rassistischen Schranken als erste niedergerissen. Das geschah vielmehr bei „Vasco", dem Club aus der Vorstadt.

Beim „Clube de Regatas Vasco da Gama" rollt der Fußball seit 1916. Keiner in Rio de Janeiro nimmt diesen Verein ernst, in dem die portugiesischen Händler von „Secos e Molhados" (Von Trocknem und Feuchtem), die Stockfischhänd-ler und Schankwirte, ihr trübseliges Heimweh pflegen, die „saudade" und die kleinen Depressionen. Viel Geld haben diese Leute nicht, aber sie träumen immer noch von der Größe, die die Weltmacht Portugal einst besaß. Und so legen sie denn ihre mil-reis und pacatas zusammen, um den Klub zu pflegen. Ja, sie sind sogar bereit, talentierten Schwarzen eine Fußball-Chance zu geben. Doch so einfach ist das nicht: Das Reglement der Rio-Liga schreibt den Spielern zwar keine Hautfarbe vor, wohl aber Schreib- und Lesefähigkeit und ein geregeltes Einkommen. Wer besitzt das schon? Doch nur die Weißen. Aber bei „Vasco" denkt man weiter: Talentierte farbige Spieler wurden von den portugiesischen Krämern einfach pro forma angestellt, und ein Schnellkurs in Lesen und Schreiben ließ sich auch arrangieren. Mit drei Schwarzen, einem Mulatten und sieben Weißen setzt „Vasco" 1923 zum Siegeszug durch alle Fußball-Ligen an.

„Vasco", der Vorstadt-Verein, spielt bis in die fünfziger Jahre die erste Geige in Brasilien. Der Verein ist so reich, dass er sich das größte Fußballstadion Südamerikas leisten kann, das Stadion von São Januário, im schönsten Art-Déco-Stil errichtet. 50.000 Zuschauer fasst das Stadion, und sogar eine Flutlichtanlage besitzt die Arena schon. Erst 1950, mit dem Bau des weltgrößten Maracanã-Stadion, wird São Januário entthront – etwa zur gleichen Zeit übernehmen wieder die Vereine Flamengo und Fluminense die Führungsrolle, das klassische Duo Fla-Flu.

Allerdings stößt nun noch ein vierter Verein in die Spitze vor, Botafogo nämlich. Der Club ist ein Bastard von Anfang an, er wird von ein paar ehrgeizigen Müttern 1904 gegründet, die ihre Jungen von der Straße holen wollen. Ein richtiges Nest findet der Verein lange nicht; man experimentiert mit einem Trainingslager im armen Norden, man geht nach Niterói auf die scheele Seite der Bucht von Rio, schließlich kehrt man dahin zurück, wo man hergekommen war: nach Botafogo.

Warum schwärmen die Cariocas nun für Botafogo? Nur um dem Dilemma Fla-Flu zu entgehen? Oder weil man sich von den „Portugiesen" bei „Vasco" absetzen will? Die „Philosophie" von Botafogo versteht nur, wer Macumba praktiziert oder an Geister glaubt. Ein solcher guter Geist war jahrelang „Biriba", ein hergelaufener Köter, das Maskottchen des Vereins. Die Promenadenmischung hatte durch ihr Gebell die gegnerische Mannschaft demoralisiert und die ersten Siege von Botafogo ermöglicht. Und so setzte denn dank „Biriba" Botafogo in den sechziger Jahren zum Höhenflug an. Der gute Draht zu geheimen Mächten soll seither nicht abgerissen sein. Botafogo ist der magische Verein. Kein Spieler, kein Funktionär, der nicht Muscheln wirft, um in die Zukunft zu blicken.

Vier Vereine aus Rio de Janeiro, ist das die ganze Fußballstory Brasiliens? Natürlich nicht – in São Paulo wird weit professioneller gespielt. Doch der Mythos um das runde Leder wurde in Rio geboren, und hier lebt er nach wie vor. Der aristokratische Mythos von Fluminenese, der Aufsteiger-Mythos von Flamengo, der Mythos der underdogs von Vasco, und der magische Mythos von Botafogo.

Die Fußballbegeisterung in Brasilien trägt religiöse Züge; die Spieler knien auf dem Felde nieder, wenn sie einen Treffer erzielt haben, die Trikots werden gesegnet, die „Galeras", die Fan-Clubs und Fetischisten führen Feld- und Kreuzzüge gegeneinander. Die religiöse Inbrunst hat die Kirchen verlassen und ist in die Fußballstadien gewandert.

„Gott ist Brasilianer", lautet ein gängiger Spruch. Wenn das stimmt, dann muss er Fußball spielen können, so göttlich wie Pelé, so unbekümmert wie Ronaldinho. Gut Fußball spielen heißt in Brasilien aber nicht, nur Tore zu schießen. Den deutschen Fußball der Resultate empfinden die Brasilianer als eine Schändung an dem runden Leder. Fußball spielen ist Kunst und Akrobatik, aber doch nicht kalte Berechnung. Rasse und Eleganz, tänzerische Einlagen, Pirouetten und Staffetten, der Ball, der muss verführt werden wie eine schöne Frau. Der Gegner, das ist eher ein Rivale, einer, den man nicht überwältigen, sondern ausstechen muss. „Beim Fußball ist der schlimmste Blinde, der, der nur aufs Leder starrt", spottet der bekannte Regisseur Nelson Rodrigues.

Der Heilige Geist von Pirenópolis

Das Geklapper der Pferdehufe dringt mit den Sonnenstrahlen durch die geschlossenen Fensterläden. Frisch gebrühter Kaffee duftet aus der Küche. Zuckrige Plätzchen aus Kokosraspeln und Maniokmehl, Ananas, Papaya und Bananen, Weißkäse und Guavengelee schmücken den Frühstückstisch. Draußen auf der Gasse beginnen die Trommeln und Trompeten der Musikkapellen einen Höllenlärm. Pirenópolis rüstet sich zur Festa do Divino, zum Pfingstfest des Heiligen Geistes.

Die Nüstern gebläht, die wilde Mähne zurückgeworfen, mit den Hufen scharrend, tänzelt der Braune ungeduldig auf der Stelle. „In den Staub mit den Feinden unseres Herrn Jesus Christus!" Kaum hat der Ritter den Fluch hervorgestoßen, gibt er dem Pferd die Sporen.

Rot stiebt der Sand, Helme und Hellebarden blitzen in der Sonne, Federbüsche flammen auf und Fahnen knattern im Wind, die Erde zittert unter dem Hufschlag der Rösser. Die beiden kriegsgeschmückten Reiterheere stürmen aufeinander zu. „Christen" gegen „Mauren"; im Turnier wird die Geschichte der „Reconquista" wieder lebendig und der Sieg der Kreuzritter über die muselmanischen Heiden gefeiert.

Franziskanische Mönche mögen das mittelalterliche Mysterienspiel von der iberischen Halbinsel nach Brasilien gebracht haben, zur Erinnerung an die glorreiche Zeit der Königin Isabella („der Katholischen") und dem Siegeszug des Kreuzes um die ganze Welt. In Pirenópolis werden, urkundlich verbürgt, seit anno 1826 jedes Jahr zu PfingstenReiterturniere aufgeführt.

Lange hat sich das verschlafene Nest auf die „Cavalhadas" vorbereitet. „Folias da roça", wilde Reiter von den umliegenden Rinderfarmen galoppieren über das Pflaster und jagen Hühner und Hunde zur Seite. „König Congo" mit seinem Hofstaat zieht durch die Stadt, die Trommler der großen Zabumba folgen ihm, die Schläger der Tamburine und Agogôs, die Meister der schnarrenden Reco-Reco und der rasselnden Maraca, die Pfeifer und Posaunisten, die Tänzerinnen und Hofnarren, die bunte Meute der Jecken.

Anderntags wallfahren fromme Fähnlein mit der Standarte des Heiligen Geistes, einer Taube im Strahlenkranz, zum Kalvarienberg, Blaskapellen spielen auf, das „Bataillon von Karl dem Großen" marschiert zusammen mit der freiwilligen Feuerwehr die Rua Direta hinunter, und die Honoratioren finden sich an der Seite ihrer hochtoupierten Senhoras vor der Kirchenpforte ein. Mit geistlichem Beistand wird in der Sakristei der „Imperator" der Cavalhadas gekürt. Wie gewohnt bestimmt das Los zum Zeremonienmeister des Reitertur-

niers einen derer von Jaime, de Pina, Siqueira, de Sá und Mendonça; die „guten Familien" teilen alle Ämter in Pirenópolis untereinander auf.
Der alte Reichtum: Gold! Überall fand man es im Sand der Flüsse. Heerscharen zog es während des 17. und 18. Jahrhunderts nach Westen in das Hochland Brasiliens. Die Glücklichen, die fanden, was sie suchten, errichteten am Rande ihrer Gruben prachtvolle Gotteshäuser. In Pirenópolis waren es drei Kirchen, die zu Ehren der Maria mit dem Rosenkranz, vom Karmeliterberg und des Guten Jesus von Bonfim von den Minenherren erbaut wurden. Damals nannte sich der Flecken allerdings noch bescheiden „Meia Ponte", also „Halbe Brücke"; auch heute noch überspannt nur eine schmale Bohlenbrücke den „Rio das Almas", den „Fluss der Seelen", in dessen reißenden Fluten wohl mancher Goldgräber sein Leben verlor.
Der Goldrausch ging vorüber, und der sagenhafte Reichtum einiger Grubenherren floss so schnell ab wie der Rio das Almas. Die Kirchen verfielen und mit ihnen die Stadt. Johann Emanuel Pohl, ein Naturforscher aus Österreich, besucht 1812 die gottverlassene Gegend und zählt vor Ort nur noch 6.209 Seelen, davon ein Drittel schwarze Sklaven. Die Bewohner erfreuten sich wegen der Bäder im Fluss guter Gesundheit, berichtet ein anderer Europäer, Auguste de Saint-Hilaire, seien aber stumpf und dumpf, nicht einmal einen Geistlichen gäbe es. Aber Tabak, Baumwolle und Zuckerrohr wachsen auf den Plantagen. Negersklaven schlagen das Rohr, pressen es aus, sieden den Saft, roden die Wälder und versorgen das Vieh, waschen die Wäsche und kochen das Mahl. Herrenhaus und Sklavenhütte, auf diesen Fundamenten ruhte Brasilien,und zwischen den beiden Polen der Gesellschaft spielte sich natürlich auch das Leben in Pirenópolis ab.
Die Fazenda Babilônia breitet sich in einem weiten, fruchtbaren Talkessel aus, der von Buriti-Palmen gekrönt wird. Kräftige, silberfahle Buckelrinder stehen auf der Weide. Wie ein großer, roter Cowboyhut liegt das Wirtschaftsgebäude zwischen den Eukalyptusbäumen. Klafterdicke Balken stützen das Dach und das Gestänge der alten Zuckermühle. Auf dem Lehmofen in der hallengroßen Küche glühen die Kuchenbleche. Verônicas und Alfinim, kleine Feiertagsküchlein, backt das Gesinde, aber die Eigentümer der Fazenda kommen nur noch zum Wochenende aus der Stadt auf ihr Gut; das Hauptgebäude und die Sklavenquartiere sind längst abgetragen. 365 Fenster, so wird erzählt, soll das Herrenhaus des Obristen Joaquim Alves de Oliveira besessen haben, und die Mauern dort drüben im Gras, die wurden noch von Sklaven erbaut.
In Pirenópolis pflegte die Sippschaft der Großgrundbesitzer einen „Solar", einen Salon zu unterhalten, wo man zu den Kirchweihfesten wohnte und die heranwachsenden Kinder unterbrachte. Sogar ein richtiges kleines Theater

spendete die Familie Pompeu der Stadt zur Erbauung und tugendvollen Unterhaltung. Weibliche Rollen waren selbstredend den Männern vorbehalten - bis das Kino in Pirenópolis einzog und der rotsamtene Bühnenvorhang für immer fiel. Die Neuzeit raste an Pirenópolis vorüber; unerreichbar fern und nur über wechselnd staubige oder schlammige Pisten nach stundenlanger Fahrt durch die Berge zu erreichen, entstanden im zentralen Hochland Brasiliens, dem Planalto, neue, moderne Städte: Anápolis, ein Umschlagplatz für Vieh und Getreide, Goiânia, die neue Provinzhauptstadt, und schließlich Brasília, die futuristische Kapitale.

In Pirenópolis ritt man weiter auf des Schusters Rappen und trabte auf dem Esel des Bettelbruders. Bis die Hippies kamen. Sie badeten nackt in den Wasserfällen, rauchten ihr Kraut, zelteten am Fluss und schmiedeten Silberschmuck. Einige unter ihnen brachten Geld mit und kauften die morschen Katen, in denen nur noch Fledermäuse und Spinnen gehaust hatten. Das anfängliche Misstrauen der Bewohner wich der Neugier und schließlich dem Zutrauen. Pirenópolis sei die Arche Noah der Menschheit, ein Ort gesunder Schwingungen und positiver Energien, behaupteten die Fremden. Also nicht das letzte Kaff im Kreis, von dem sich jeder Backfisch schnellstens aus dem Staube machte?

Wie mancherorts auf der Welt, so waren auch in Pirenópolis die Aussteiger der Industriegesellschaft zugleich deren Pioniere. Während das „Rex"-Hotel mit seinen verwanzten Pritschen jahrelang als einzige Herberge am Ort eiligen Handungsreisenden und versprengten Geologen Obdach geboten hatte, sprießen heute die „Pousadas" und Fremden-Pensionen wie Pilze aus dem Boden. Bruchbuden werden aufgemöbelt, Dachziegel erneuert und Fensterstöcke gestrichen. Die schönsten kolonialen Höfe haben sich Diplomaten aus Brasília, Jungunternehmer aus São Paulo und libanesische Händler aus Goiânia herausgepickt. Auf dem Gegenufer des Rio das Almas, dort wo einmal die „Burg" des Gold- und Glücksritters Frota gelegen haben soll, macht sich inzwischen ein Drei-Sterne-Hotel breit. Edelholz und Naturstein sollen unter seinem Dach ländliches Flair verbreiten; aber es ist so dick aufgetragen wie der Teint der neureichen Gesellschaft, die hier ihre Feten feiert.

Es hat Proteste der Bewohner gegen den Hotelbau gegeben; die Honoratioren von Pirenópolis schimpfen schon lange auf die Rowdies am Rande der Reiterspiele, gegen die Nacktbaderei und gegen den Ausverkauf an die Fremden. Aber die Söhne der Viehbarone, die Latifundisten und Grundstücksspekulanten haben sich mit den Politikern in Brasília arrangiert. Das schmucke, koloniale Pirenópolis könnte als Fluchtpunkt aus der Beamtenstadt Brasília dienen, als ein bukolisches Potsdam, ein winziges Toledo vielleicht: krumme Gassen, schiefe Häuser, schattige Bäume, jetzt nur noch 120 asphaltierte Kilometer von der keimfreien, langweiligen Retortenstadt entfernt; die Flugpiste ist bereits befestigt. Prinz Philipp von England gab der Stadt schon einmal die Ehre.

Das Glück der Tiere

Im Straßengraben gestrandete Wracks aus Schaumstoff und Glitzergold: der Karneval ist vorüber. Die Prunkwagen abgetakelt, die Kostüme verschlissen, die Träume geträumt. Wieviele Millionen hat der kurze Rausch der tollen Tage gekostet? Die Chefs der Sambaschulen und des Glücksspiels lassen sich nicht in die Bücher gucken. Sie sind die ungekrönten Könige des Karnevals. Der Karneval und die Lotterie mit den Tiersymbolen, das „Jogo do Bicho", gehören zusammen wie Zucker und Zuckerrohrschnaps.

Die Wurzeln des Karnevals reichen bis in die Sklavenzeit und ins europäische Mittelalter; die Tier-Tombola wurde vor einem Jahrhundert von einem gewissen Baron João Baptista Vianna de Drummond ins Leben gerufen. Kommerzienrat Drummond war ein rühriger Unternehmer, der ein Vermögen mit dem Bau der ersten Eisenbahn in Brasilien angehäuft hatte. Seine Ländereien am Stadtrand von Rio de Janeiro verwandelte er in ein Tiergehege, so wie man damals in Paris, London und Berlin zoologische Gärten errichtete, um die Natur zu studieren. Doch die Unterhaltung des Tierparks verschlang kolossale Summen. Da kam dem Zoodirektor die rettende Idee: die Tiergartenbesucher würden mit dem Eintrittsbillet zugleich ein Los erwerben und mit Aussicht auf einen Gewinn aus der Tombola herbeieilen.

Adler, Affe, Bär, Elefant, Esel, Hahn, Hirsch, Hund, Kamel, Kaninchen, Katze, Krokodil, Kuh, Löwe, Pfau, Pferd, Schaf, Schmetterling, Schlange, Schwein, Stier, Strauß, Tiger, Truthahn und Ziege zierten von nun an die Besucherkarten. An der Kasse ließ der Baron eine Tafel errichten. Nach Toresschluss wurde dort angeschlagen, auf welches Tier das Los gefallen war; wer das entsprechende Bild auf dem Billet hatte, konnte den fünffachen Eintrittspreis als Gewinn kassieren. Bereits wenige Wochen nach Einführung der Tier-Tombola zog das Volk in Scharen hinaus nach Vila Isabel, aber nicht, um Elefanten zu füttern, sondern um Lose zu kaufen. Das „Jogo do Bicho" trat seinen Siegeszug an.

Das Glücksspiel ist so alt wie die Menschheit, bekanntlich würfelten schon die römischen Söldner um das Gewand Jesu Christi. In Brasilien aber nahm das Glückspiel einen eigenen Weg – den in das Zwielicht von Politik und Verbrechen. Nach dem Tode des Barons führten Kaufleute das „Jogo do Bicho" fort. Die Lotterie hatte nun mit dem Zoo nichts mehr zu tun. Die Tier-Bilder überdauerten (wegen der Lesunkundigen), das Spiel-System aber wurde durch Zahlenkombinationen erweitert. Je besser das Geschäft mit dem Glücksspiel lief, desto häufiger musste die Polizei eingreifen.

Die „Malandros", die Diebe aus dem Hafen, übernahmen das Spiel. Der Ruf des „Jogo do Bicho" litt darunter nicht – ganz im Gegenteil: das Volk auf der Gasse hatte schon immer das Schlitzohr aus der Nachbarschaft mehr geschätzt als den Kaufmann und den Steuereintreiber. Doch die Obrigkeit sah mit Missgunst, wie sich da unter ihren Augen ein Geschäft entwickelte, an der sie keinen Anteil hatte: Glücksspiele wurden fortan mit dem Segen der Kirche verboten.

Wie zu erwarten erwies sich der Staat als unfähig, seine eigenen Verbote durchzusetzen. Das „Jogo do Bicho" war nicht totzukriegen, es blühte in den Hinterhöfen und dunklen Ecken erst richtig auf. Alle Brasilianer, besonders die „Cariocas" aus Rio de Janeiro, träumen davon, mit einem Trick, einem „Jeito", die Obrigkeit zu übertölpeln, mit einem Minimum an Arbeit schnell reich zu werden. Gesetze, Vorschriften, Steuern und Schulden: nichts als Papier, lächerliche Pfennigfuchserei von Leuten, die man nicht einmal kennt.

Toto, Lotto, Tombola, alle Chancen, das große Glück bei staatlichen Verlosungen zu suchen, schlagen die Brasilianer in den Wind: das „Jogo do Bicho" ziehen sie vor. Putzfrauen, Dienstmädchen, Büroboten, Pförtner, Schaffner, Wächter, Kellner, Klempner, Krämer, das Heer der Tagelöhner und Gelegenheitsarbeiter, der bummelnden Beamten, der Tagediebe und Bettler, das Lumpenproletariat ebenso wie die Kleinbürger – sie alle sind die treuesten Kunden des „Jogo do Bicho"; schon mit Pfennigbeträgen winkt das Glück.

Und es winkt an jeder Straßenecke, selbst vor dem Gefängnis. Fremde mögen die Buchmacher der Tier-Tombola mit Pförtnern oder Parkwächtern verwechseln. Aber die Spieler wissen: das ist ihr „Ponto", das ist ihr „Corretor" auf dem wackligen Stuhl an der Ecke, der auf einem abgestempelten Papierfetzen den Einsatz notiert: schwarz auf weiß, hundertprozentig.

Sieben von zehn Brasilianern setzen auf die 25 Tiere der Tombola, und jeder gibt für Lose mehr Geld aus als für Zigaretten oder Bier. Der Adler – das bedeutet Intelligenz, der Hund steht für Treue, der Affe macht Faxen, der Pfau ist eitel, das Schwein dreckig, der Bär ist verschlagen; Schwangere setzen auf die Kuh, das Sinnbild für Fruchtbarkeit, Männer bevorzugen den Stier. Für jedes Tiersymbol steht eine Zahlengruppe von Null bis Neunundneunzig; unzählige Wett-Kombinationen sind möglich. Aberglauben, Traumdeuterei und Zahlenrabulistik helfen, den „richtigen" Treffer zu finden.

Die Würfel fallen hinter gepanzerten Türen in einem Hochhaus von Rio. Abgeschirmt von feindlichen Eindringlingen und im Ambiente eines englischen Klubs entscheiden die zwei Dutzend Bosse des „Jogo do Bicho" über Gewinne und Nieten.

Die Tier-Tombola ist das größte private Unternehmen in Rio de Janeiro. Mehr als zwei Milliarden Dollar Jahresumsatz erbringt die Lotterie im ganzen Land, die Hälfte davon allein in Rio de Janeiro; 40 Prozent des Wettumsatzes fließen in die Taschen der „Bicheiros". Die Bosse des Spiels beschäftigen allein in Rio de Janeiro 60.000 Hilfskräfte, im ganzen Land dreimal so viele, und so gut wie alle diese Leute wären auf dem offenen Arbeitsmarkt verloren. Die „Zoomafia" sucht sich ihre Mitarbeiter aus dem gleichen Milieu, aus dem sie selber stammt. Krüppel, Kranke und Kriminelle sind darunter, aber auch verlassene Frauen und Straßenkinder.

Als „Contravenção", als „Übertretung" werten die Juristen das „Jogo do Bicho"; theoretisch droht dafür Gefängnis. Aber was soll man machen? Präsident Gaspar Dutra ließ 1946 den Amerikanern und seiner frommen Gattin zuliebe erneut alle Kasinos und jedes private Glücksspiel verbieten. Bloß: „esta lei não pega", „dieses Gesetz ‚greift' nicht", versuchen die Paragraphenritter den Sachverhalt zu erklären. Nur Brasilianer verstehen den tieferen Sinn des „não pega". Die meisten brasilianischen Gesetze „greifen" nicht; sie sind ja nicht erlassen worden, um das Miteinander der Menschen zu regeln, sondern zu behindern: jedenfalls sehen das die Brasilianer so.

„Wir töten keine Polizisten, wir kaufen sie uns" – rühmen sich die Bosse des „Bicho". Das Glücksspielverbot von 1946 hatte nur zur Folge, dass sie enger zusammenrückten. Die Zeit der Bandenkriege, da man um ein Revier mit Messern und Pistolen rang, ging zu Ende. Das „Jogo do Bicho" trat Mitte der siebziger Jahre in seine hochkapitalistische Phase. Die „Bicheiros" teilten die Spielbezirke untereinander auf und wählten einen Vorstand, selbst eine „Rückversicherungskasse" wurde ins Leben gerufen. Seither trifft sich die „cúpula" regelmäßig, um abzustimmen, wie man Richter, Polizisten und Politiker gefügig macht. Versuche von uneinsichtigen Personen, den Lottokönigen in das Geschäft zu pfuschen, werden mit hohen Bestechungssummen, oder wenn das nicht hilft, auch mit Trommelrevolvern abgewehrt.

Bislang ist noch jeder Versuch gescheitert, die Tier-Tombola zu legalisieren und damit der Unterwelt zu entziehen. Die „Bicheiros" genießen politische Protektion, ganz besonders in Rio de Janeiro. Unter den mager besoldeten Polizisten und den geldhungrigen Provinzpolitikern finden die „Bicheiros" die besten Komplizen ihres schmutzigen Spiels. Mit dem Geld aus der Tierlotterie werden neben den Sambaschulen auch Fußballvereine und Wahlkampagnen finanziert.

Die „Bicheiros" sind nicht bei der Lotterie des kleinen Mannes geblieben. „Alle Bankiers des ‚Jogo do Bicho' sind in den Drogenhandel verstrickt; sie sind die Paten der bewaffneten Banden und sie finanzieren auch die großen Mengen an Kokain, die in Rio de Janeiro umgesetzt werden", klagt Staatsanwalt Raphael Cesário: „Der Gouverneur vergisst, daß die ‚Bicheiros' die Urheber und Anstifter der Gewaltkriminalität sind."

Aber, wer kann das beweisen? Noch in allen Prozessen gegen die Lotteriekönige verschwanden auf unerklärliche Weise Personen und Dokumente, blieben Zeugen stumm und Tote auf der Strecke. Der „Zoomafia" konnte wenig nachgewiesen werden.

Castor Gonçalves de Andrade Silva, der „Diplomat", Capo de tutti, Chef der Sambaschule Padre Miguel; Valdemiro Garcio, „Miro", unter Mordverdacht; Chef der Sambaschule Salgueiro, Luiz Pacheco Drummond, „Luizinho", Waffenhandel; Chef der Sambaschule „Imperatriz Leopoldina", Aílton Guimarães, „Capitão Guimarães", Ex-Polizist, Drogenhandel; Ex-Chef der Samba-Liga, Aniz Abrahão David, Drogenhandel und Mordverdacht; Chef der Sambaschule Beija-Flor, Carlos Teixeira Martins, „Carlinhos", Mordverdacht, Chef einer Supermarktkette und der Sambaschule Portela usw., usf.: eine Galerie würdiger Herren, die in feinstes Tuch gekleidet, vor der 14. Strafkammer aufgezogen war. Die Richterin Denise Frossard hatte die „Bicheiros" zum Termin gebeten. Draußen vor dem Gerichtsgebäude warteten ihre Limousinen und Leibwächter. Die „Bicheiros" aber kamen nicht mehr nach Hause, die Richterin verurteilte die Gangster wegen „Bandenbildung" zu sechs Jahren Haft.

Konnte diese Frau die kriminellen Millionäre einfach so einsperren? War Denise Frossard denn lebensmüde? Nein, sie habe mehr Angst vor dem Zahnarzt als vor der Rache der Mafia, ließ Denise Frossard verlauten. Mit solchem Mut das organisierte Verbrechen zu verfolgen – das hatte man in Rio de Janeiro noch nie erlebt. Hatte nicht der Stadtrat den Bandenchefs Orden umgehängt? „Diese Herren haben seit Jahren ein Netz der Korruption und Bestechung, eine wahre Macht des Untergrundes gegen Gesetz und Ordnung aufgebaut" urteilte dagegen die mutige Richterin. Die Gangsterbosse mussten ins Gefängnis wandern.

Aber natürlich nicht in irgendeines. Die Strafvollzugsbehörde bemühte sich, die Herren standesgemäß mit Mobiltelefon und Hausbar unterzubringen. Anwälte und Berufungsrichter sorgen dafür, dass es den Lottokönigen gut geht. Zu Weihnachten und Silvester durften sie bereits rauschende Feste hinter den schwedischen Gardinen feiern, der Polizeichef von Rio de Janeiro kümmerte sich persönlich darum.

Beim darauffolgenden Karneval konnten die Mafia-Bosse wieder ungehindert durch das Sambodrom defilieren."No Brasil, tudo acaba em Samba", in Brasilien endet alles in Samba.

Die Luftschlösser von Rio

Er schlägt Rad wie ein Pfau, bläht sich vor dem Wind, reckt die Nase in die Höhe und baucht ganz ungemein, und nun zerrt er schon an den Halteseilen, der aufgeblasene Riese, der Papiertiger, dem sie eine Schelle an den Schwanz gebunden haben: ach, was!, ein haushohes Lattengerüst mit unzähligen Teelichtern schleppt der Heißluftballon hinter sich her, wie er nun gebührend majestätisch sich von der Erde löst; und alle, alle auf dem Fußballplatz fallen sich in die Arme.

Die „sanfte Erdenmutter" torkelt noch ein wenig in der nächtlichen Kühle, als ob sie es selber nicht fassen kann, nach über einem Jahr Vorbereitung in einer finsteren Garage der Favela Morro de São Carlos, gleich neben dem Gefängnis von Catumbí, zum Jungfernflug aufzusteigen, der unweigerlich mit dem Tod endet.

Viele hundert Hände hatten an ihr gezupft, geleimt, genäht. Die zig Dutzend Papierbahnen, spitz zugeschnitten wie Speere, jede für sich fünfzig Meter lang und in der Mitte vier breit, mussten eine nach der anderen miteinander verklebt werden. Und zwar so, dass daraus, einmal aufgespannt, eine Kugel wuchs, die in keiner Halle, nicht einmal in der Kathedrale, Platz gehabt hätte.

Jeder vom Morro de São Carlos hatte mitgemacht und dichtgehalten. Denn die „sanfte Erdenmutter" durfte an keinen verraten werden, weder an die Polizei noch an die „Baloeiros" von benachbarten Favelas und Vorstädten, die mit ihren Ballons den Himmel beschmutzten. Vor allem aber hatte es ein paar großzügige Spenden von Chefs der „Tierlotterie" gegeben, die schließlich auch für die Ausgaben der Sambaschulen im Karneval aufkamen.

Die Bruderschaft der „Baloeiros" – keine Fotos bitte! – wusste erst nicht, wie ihr Luftschiff heißen sollte, sie hätten es gerne Romário, Ayrton Senna oder Xuxa getauft, aber Ballons mit solchen Namen waren ja bereits in den vergangenen Jahren gestartet. Bis auf einmal „Zeca", der Alte, der schon hunderte von Heißluftballons seiner Bauart hatte davonfliegen sehen, an einem Nachmittag an der Schule vorüberging und hörte, wie die Kinder sangen: „Gigant durch die Gnade der Natur, prächtig, kräftig, unbesiegbar, die Zukunft gehört Dir, wunderbare Erde, Brasilien, geliebtes Vaterland, sanfte Erdenmutter starker Söhne, Brasil!" Das war natürlich die Nationalhymne: „sanfte Erdenmutter" schoss es Zeca durch den Kopf. So kam das Traumschiff zu seinem Namen.

Die „sanfte Erdenmutter" hat längst Höhe gewonnen. Sie driftet langsam Richtung Osten. Die „Caçadores", die „Jäger", einige davon vermummt unter

Skimützen und mit Revolvern bewaffnet, sind schon mit ihren Pick-ups davongebraust. Der Ballon darf alles, nur nicht in die Hände der Feinde fallen. Die Nächte im Juni, Juli und August sind kühl in Rio de Janeiro; nicht selten fällt das Thermometer auf 15 Grad. Eine Filzdecke ist dann fast wichtiger als der Ätherrrausch aus einer Dose Tischler-Leim. Zé, Chico und Amanda, die Kinder von der Straße, teilen sich eine verspeckte Steppdecke, die irgendwann einmal ein bürgerliches Ehebett geziert haben mag. Die Decke reicht hinten und vorne nicht, aber die drei, zwischen acht und zehn Jahre mögen sie sein, kuscheln sich eng aneinander, und zwischen sich und dem Pflaster haben sie Pappkartons geschoben. Lange werden sie vor der Bankfiliale im Herzen von Rio de Janeiro kaum schlafen können. Bis der letzte Betrunkene von der Praça Mauá heimgetorkelt ist, kann es drei, vier Uhr werden. Gegen fünf, noch vor dem Sonnenaufgang, kommen die Sprengwagen der Straßenreinigung. Von der Polizei ist auch nichts Gutes zu erwarten. Ist es die Kälte oder die Angst, die die eingerollten Leiber zittern lässt?

Jedenfalls sehen sie den glitzernden Globus über den schwarzen Himmel ziehen. An Ufos glauben sie sowenig wie an den lieben Gott: „Das ist unser Ballon!" kreischt Zé ganz aufgeregt und tanzt die Avenida hinunter dem künstlichen Mond hinterher.

Die tausend Teelichter, die den „Schwanz" des Heißluftballons schmücken, reichen für rund 90 Minuten – natürlich nur bei Windstille. Feuerwerksraketen, die ebenfalls an dem Lattengerüst unter dem Ballon angebracht waren, hatte die „sanfte Erdenmutter" bereits auf der Höhe des „Leopoldina"-Bahnhofs gezündet. Jetzt driftete die „sanfte Erdenmutter" über die Innenstadt in Richtung Arsenal und dem Flughafen Santos Dumont, auf dem in Minutenabständen die Boeings der Luftbrücke nach São Paulo starten und landen; zu dieser Zeit zum Glück nicht mehr.

Es ist sinnlos, die Leute vom Morro de São Carlos danach zu fragen, wieso sie dieser Ballon-Manie anhängen, die jedem Favela-Bewohner doch immerhin einige Kasten Bier pro Jahr kostet. Sie wissen darüber nichts zu berichten; sie glauben, es sei schon immer so gewesen, dass man in den kalten Winternächten eben Ballons steigen lässt, je größer, desto besser. Dass drei bis zwölf Monate Gefängnis drohen, wer dabei erwischt wird, Ballons zu fabrizieren oder in die Luft zu schicken, ahnen so gut wie alle: Blödsinn! Eine Erklärung für diese Strafe weiß keiner. Woher auch: zu den eifrigsten „baloneiros" zählen doch gerade die Kameraden von Militär und Polizei, die nach Feierabend in die Garage kommen, um den Ballon aus der Taufe zu heben.

„Cai, cai, balão ...", „komm hernieder Ballon, komm nieder und lass dich fangen..!", singen die Kleinen schon in der Vorschule und auf den „Festas

Juninas", den nächtlichen Sonnenwendfeiern im Juni, die dem Heiligen Johannes geweiht sind. Auf dem Land ist dieser Brauch noch lebendig; man schlachtet einen Ochsen und lässt ihn über der Glut schmoren, die Kinder zünden Kerzen an und lassen Luftballons steigen. Doch die Idee, große Heißluftballons aus Kunstseide und Papier, über Drahtgestelle gespannt, aufsteigen zu lassen, kam in Rio de Janeiro auf und breitete sich wie eine Epidemie bis São Paulo aus. Das war in den dreißiger Jahren – just als man jene Ballons über den Himmel gleiten sah, die wie riesige silberne Zigarren von Nordosten über das Meer kommend ihren Schatten über die Stadt warfen. Die Zeppeline. Sie müssen den Favela-Bewohnern wie außerirdische Wunder vorgekommen sein. Davon ahnten die Halbgötter an Bord natürlich nicht das Geringste ...

„Man fährt auf einem Schiff, und es ist alles wie auf einem Schiff, nur bevölkert man den Bauch und nicht das Deck, klebt wie eine Muschel unten am Kiel, sitzt wie ein Frosch unter einem großen Blatt – und fliegt doch wie ein Vogel durch die Luft", beschreibt ein Reisender seine Eindrücke.

Der Luftschifftraum platzte bekanntlich im Mai 1937 mit der brennenden „Hindenburg" in Lakehurst, New Jersey. Aus der Zeit der Zeppeline sind nur Erinnerungen, Fotos und Folianten, Bruchstücke also, geblieben. Außer einem: Die Luftschiff-Kathedrale von Rio de Janeiro, die vor den Toren der Stadt in Santa Cruz so unberührt steht, als könne sie jederzeit von einem Luftschiffer wachgeküsst in Dienst gestellt werden.

Das „Etui" – da liegt es: ohne Zigarre, die Tore sperrangelweit auf. 270 Meter Länge, 55 Meter Höhe – so hoch wie ein Haus mit 17 Etagen – und 68 Meter breit misst die stählerne Halle, die wie ein gigantischer Sarkophag im Grase liegt. Man hat das Monument unter Denkmalschutz gestellt; die brasilianische Luftwaffe nutzt das Gebäude als Hangar.

Dies ist eine Kathedrale der Technik, so groß wie eine Bahnhofshalle, bloß führen keine Schienen hinein. Im Dezember 1936 wurde das Gebäude eröffnet, drei Jahre hatte man mit 5.500 Arbeitern daran gebaut. Es galt ja nicht nur die Halle zu errichten, und die Bahnstation, sondern auch gewaltige Wasserstoff-Depots anzulegen, die Zeppeline zu betanken. „Hindenburg" und „Graf Zeppelin", die Flaggschiffe, passten tatsächlich gerade wie eine Zigarre ins Etui in die Halle, die sie vor tropischen Stürmen schützte. Jeden Monat war die Fahrt der beiden Riesen nach Rio de Janeiro vorgesehen – aber bloß neunmal legten sie wirklich nach drei Tagen und zwei Nächten Fahrt über den Südatlantik in Santa Cruz an.

Es funktioniert ja noch alles! „Das zweiflügelige Südtor – jeder Flügel wiegt 80 Tonnen – lässt sich mit der Kraft von zwölf Männern binnen sechs Minuten öffnen", erklärt begeistert Augusto Mousinho, und greift in die Speichen des

Räderwerks. War er vielleicht der „Vorabeiter mit Strohut und Stock", der die Haltemannschaft dirigierte, damals vor einem halben Jahrhundert? Nein, nein, aber Augusto Mousinho war dabei, als der Luftschiff-Bahnhof errichtet wurde. Und nun zeigt er den wenigen Touristen, die nach Santa Cruz hinauskommen, wie damals alles funktioniert hat. Unfallfrei. Bis auf den Döskopp, der nicht rechtzeitig die Halteleine loslies und vom Zeppelin in die Luft gehoben, wenige Augenblicke später mit Rippenbrüchen die Erde küsste.

Es gäbe nichts Schöneres in seinem Leben, sagt der Alte, als wenn er noch einmal einen Zeppelin nach Santa Cruz einschweben sähe. Solange die Halle steht, gibt er die Hoffnung nicht auf.

Ob Augusto Mousinho nicht auch zu einer der über einhundert geheimen Bruderschaften der Ballon-Enthusiasten gehört? Ob die verbotene Sitte aus den Armenvierteln, nächtlich riesige Ballons aufsteigen zu lassen, nicht am Ende so etwas wie ein Cargo-Kult ist? Könnte es sein, dass die zerbrechlichen Papiertiger in die Luft gelassen werden, um mehr Zeppeline – also mehr reiche Passagiere – anzulocken? Oder sind diese gigantischen Ballons nichts anderes als Luftschlösser, Träume aus Lamellen und Licht, die die Armen gen Himmel schicken?

Die hellsten Feuerwerke werden in den dunkelsten Vierteln abgebrannt, die prachtvollsten Kostüme kommen aus den elendsten Hütten. „Der Arme liebt den Luxus im Karneval" – ein Wort des bekannten Karnevalisten Joãzinho Trinta.

Mögen die Anthropologen herausfinden, was hinter dem Ballon-Kult steckt – bislang interessiert sich nur die Polizei dafür. Und die tut so, als meine sie es ernst mit dem Ballonverbot. Hatten nicht zwei ausländische Fluggesellschaften, die American Airlines und die Lufthansa, damit gedroht, wegen der Ballongefahr die Flüge nach Rio de Janeiro einzustellen? Hatte es nicht seit 1993 sechs nachgewiesene Kollisionen in der Luft gegeben, die gottlob glimpflich abgelaufen waren? Waren nicht die Piloten besorgt, dass nun neben der Geierplage in den Anflugkorridoren auch noch täglich mit Ballon-Havarien zu rechnen war? Mussten nicht schon Fabriken und Raffinerien Vorsorge treffen, damit die niedergehenden Ballons nicht wie Brandfackeln wüteten? Und gingen nicht hunderte von Bränden in den Stadtparks und den umliegenden Forsten auf das Konto der Ballons? War nicht sogar einmal eine Favela von einem niedergehenden Ballon in Brand gesetzt worden und der Strom im Norden Rios wegen einem Ballon ausgefallen?

Die Ballon-Plage – 12.000 Exemplare über einen Meter Durchmesser werden wohl alles in allem pro Jahr losgelassen – hatte schon vor fünfzig Jahren dazu geführt, die „Unsitte" mit Strafe zu belegen. Und obgleich diese Strafe immer mehr – zuletzt im Februar 1999 – verschärft wurde und die gutwilligen Stadtväter nichts unversucht ließen, die Ballonbrüder auf die grüne Wiese zu verbannen und sie mit Wettkampfpreisen aus der Stadt zu locken – so blieb doch alles beim Alten.

An einem „Baloeiro" vergreifen sich nicht einmal die Drogenbarone. Im Gegenteil, sie kaufen den Ballonbauern gelegentlich ein paar der kleineren Heißluftsäcke ab und lassen sie starten, um den Laufburschen vom Kleinhandel zu signalisieren, dass neue Ware eingetroffen ist. Ballonbauer: das sind Magier und Medizinmänner. Das Geheimnis einer erfolgreichen Konstruktion wird nicht selten von einer Generation an die nächste in der Sippschaft weitergegeben.

Die Favela-Bewohner hüten ihre Ballons wie den eigenen Augapfel. Nur Eingeweihte wissen, wo die Hülle liegt, wo sich die Gasbrenner befinden, wo der „Schwanz" mit seinen Lichterketten – und wo schließlich der Gigant aus Papier in die Lüfte steigen soll: das wird erst in letzter Minute vor dem Start und über die Buschtrommel bekannt gegeben.

Das sind ja keine Luftballons. Das sind zerbrechliche turmhohe Kunstwerke, die einige tausend Dollar kosten. „O Rei do Rio", der „König von Rio", den sie 1994 in der Favela Acarí starteten, hatte fast 84 Meter an Höhe gemessen – so viel wie ein Haus mit 28 Stockwerken! Zehn Gasflaschen mussten abgebrannt werden, um den Riesen, in dessen offenen Bauch zwei Omnibusse gepasst hätten, in die Höhe zu treiben. Ein Dutzend starker Männer waren vonnöten, um den Ballon zu halten, der theoretisch fünf VW-Käfer hätte in die Luft heben können: so schwer können Wünsche wiegen.

Manche dieser Riesen hatten schon Höhen von 3.000 Metern und mehrere hundert Kilometer Strecke zurückgelegt. Doch darauf kommt es nicht an. Wichtig ist nur der Augenblick, wenn sich das Luftschiff, festlich beleuchtet, sanft von der Erde löst und ins Dunkle entschwebt. Sie schwärmen eine Winternacht lang, so wie die Bienen-Königin auf ihrem Hochzeitsflug. Mit welchem Ziel? Mit keinem.

Würgerfeigen im Stadtpark

Die alte Straßenbahn brummt wie ein Maikäfer, der Schaffner schlägt die Glocke, bockend zuckelt die Elektrische los, legt sich kreischend in die Kurve und klettert wie eine Gemse die engen Gassen mit dem Katzenkopfpflaster hoch. Bei jedem Halt löst sich die Menschentraube, die wie ein Bienenschwarm auf den Trittbrettern hängt, bis die „Bonde" wieder rumpelnd ihre Fahrt fortsetzt. Schon sind wir am Kloster Santa Tereza vorbeigerattert, lassen „Arnaudos Bar" zurück, passieren das verschwiegene „Hotel Santa Tereza", kurven bimmelnd immer höher, bis die alten Paläste und verwunschenen Gärten von niedrigen Katen und schließlich von den Baracken der Favela „Berg der Freuden" abgelöst werden. Ein, zwei Kilometer weiter, am Ende der Allee, beginnt der Wald von Tijuca.

Tellergroße Falter irrlichtern durch das schattige Dickicht, Wassertropfen platzen in die Stille, der Weg führt an Bananenstauden, Agaven, Fächerpalmen und Bambushainen vorbei immer tiefer in das Dämmerlicht des Dschungels, der ein Aroma von Kampfer und Moschus verströmt. Würgerfeigen winden sich wie Schlangen an den Stämmen empor, in den Astgabeln der ungeschlachten Riesen klammern grelle Orchideen, mannshohe Farne breiten ihre Fieder-Schirme aus. Kein Stamm steht gerade, nicht einmal die wulstigen Palisander, die stachligen Pfirsichpalmen, die pockennarbigen Kapokbäume. Luftwurzeln hängen wie Spinnennetze in der Höhe, violette Wasserhyazinthen wuchern wild im Sumpf, und purpurne Weihnachtssterne glühen aus dem Dunkel. Im Kampf um Licht und Nahrung versucht jede Pflanze die andere auszustechen.

„Die Luft war kühl und würzig, und die Tautropfen glänzten noch auf den Blättern der großen lilienartigen Pflanzen, welche die kleinen Bäche klaren Wassers beschatteten. Ich setzte mich auf einen Granitblock nieder, und es war entzückend, die verschiedenen Insekten und Vögel zu beobachten, wie sie vorüberflogen", notiert Charles Darwin über seine erste Begegnung mit dem Tropenwald, der ihn zum Staunen bringt: „Jede Form, jede Schattierung übertrifft an Pracht so vollkommen alles, was ein Europäer jemals in seinem heimischen Erdteil gesehen hat, dass er nicht weiß, wie er seinen Gefühlen Ausdruck geben soll." Dabei war der berühmte Naturforscher nur ein, zwei Meilen aus Rio de Janeiro hinaus dem steilen Maultierpfad in die Floresta de Tijuca gefolgt.

„Der Urwald in Tijuca, im Norden von Rio de Janeiro, ist dichter und zeigt üppigeren Pflanzenwuchs als der echte am Amazonas. Aber er hat einen entscheidenden Nachteil: er ist im Stadtplan als Park verzeichnet", mokiert sich

150 Jahre später der Schriftsteller Peter Schneider über die Abenteuertouristen; und er hat mit seiner Beobachtung Recht. Der Urwald von Tijuca, den Peter Schneider gesehen hat, ist nicht der gleiche, den Charles Darwin beschrieb. Der Nationalpark am Rande von Rio ist nämlich so künstlich wie der Bois de Boulogne in Paris oder der Englische Garten in München, die er beide an Pracht und Größe bei weitem übertrifft.

Als Charles Darwin 1832 mit der „Beagle" den Hafen von Rio de Janeiro anlief, hatte gerade der unbotmäßige Sohn des König Johannes VI, Dom Pedro I., die Unabhängigkeit der Kolonie von Portugal proklamiert und sich zum Kaiser von Brasilien ernannt. Rio de Janeiro blühte auf, fremde Kaufleute strömten in die Stadt, aus dem verträumten Nest an der Guanabara-Bucht entwickelte sich eine tropische Metropole. Französische Adlige und holländische Pflanzer führten die Kaffeekultur ein. Rings um die Stadt rodeten ihre Sklaven den Wald, um Platz für die Plantagen zu schaffen. Unter den Pionieren befand sich auch Napoleons Feldherr Graf Dyrk van Hogendorp mit seinem preußischen Diener. Der alte Haudegen verbrachte dort oben im Forst seinen Lebensabend als Köhler.

Das Leben auf dem Lande so nahe bei der Stadt, hoch oben in den kühlen Bergen, reizte besonders englische Adelige und Diplomaten, die sich der Lust des Reitens und der Jagd hingeben konnten. Kein europäischer Naturforscher versäumte, mit der Botanisiertrommel auf der Brust und den käferpflückenden Sklaven im Gefolge das tropische Paradies zu durchstreifen. Aber von Jahr zu Jahr schrumpfte der Regenwald; die Kaffeeplantagen fraßen sich immer tiefer in die Gebirgstäler vor. Um das Jahr 1857 beschreibt ein Reisender das Tijuca-Massiv als eine „kahle und zerfresssene Felslandschaft, die mit Farnen und schütterem Guinea-Graß bedeckt ist".

Die Kaffeebarone hatten ihren Gewinn eingestrichen, aber Rio de Janeiro fehlte auf einmal das Wasser. Der Kahlschlag des Gebirges hatte zu Wassermangel geführt, und jedes Jahr in der Regenzeit drohten Erdlawinen die unteren Stadtviertel zu begraben. Kaiser Pedro II., der Sohn, war ein weitsichtiger Mann, der sich mit Naturforschung beschäftigte und einen botanischen Garten an der Lagune von Gávea angelegt hatte. Pedro gab Befehl, keine Bäume mehr zu schlagen und das Gebirge wieder aufzuforsten. Ein gewisser Major Manoel Gomes Archer wurde 1861 mit der Aufgabe betraut; der Major besaß ein Gut am Rand des Tijuca-Gebirges und begann sogleich, mit sechs Haussklaven das Terrain zu sondieren.

Bevor ein neuer Forst angelegt werden konnte, mussten die Besitzverhältnisse geklärt werden. Die Kaffeepflanzer ließen sich ihre Güter nur gegen Gold abkaufen. Aber dem Kaiser war es wert, vor dem Palasttor einen richtigen

Dschungel zu haben; so einen Wald, wie er ihn als Junge mit dem Schmetter-
lingsnetz durchstreift hatte. Manoel Archer sollte den Forst so wiederherstel-
len, wie er ursprünglich gewesen war.
Elf Jahre lang widmete sich Manoel Archer der Herkulesarbeit, ein Gebiet so
groß wie das Elbsandsteingebirge bei Dresden aufzuforsten. 62.000 Bäume ließ
er pflanzen: Mahagoni, Palisander, Paranuss, aber auch schnellwachsende Eukalyptus aus Australien und Araukarien aus dem Süden Brasiliens. 1874 reichte Archer seinen Rücktritt ein; er war mit seinem Plan, das gesamte, schwer
geschädigte Küstengebirge Brasiliens, die „Mata Atlântica", aufzuforsten, nicht
beim Kaiser, aber bei Hofe gescheitert. Immerhin – das Tijuca-Gebirge war
wieder bewaldet, und Archer konnte urkundlich festhalten: „Obwohl alle de-
gradierten Flächen wieder aufgeforstet sind, ist das Werk noch keineswegs getan und weit davon entfernt, günstige Resultate zu erzielen – solche werden
erst in Zukunft sichtbar werden; und sie liegen nun im Wirken der Natur,
wenn der Mensch sie nur lässt."
Der tropische Tijuca-Wald wuchs, die Tiere kehrten zurück, aber die Menschen bemerkten davon wenig. Es fehlten Wege und Pfade. Kaiser Pedro II.
beauftragte den französischen Oberst Louis d'Escragnolle mit der weiteren
Gestaltung des Forstes. Nun wurden mitten in der üppigen Natur Promenaden, Reitwege und Ruheplätze angelegt, von denen man die schöne Aussicht
über das Meer und die Stadt genießen konnte. Als Kaiser Pedro II. 1889 zum
Abdanken und ins Exil gezwungen wurde, tröstete sich der greise Monarch
mit dem Gedanken, seinem geliebten Volk wenigstens den schönsten tropischen Park der Welt hinterlassen zu haben.
Die Republik ließ den Park verwildern. Es galt zwar weiterhin als chic, in Al-
to da Boa Vista am Waldrand zu wohnen, aber das politische Gewicht verla-
gerte sich von Rio de Janeiro weg ins Landesinnere, wo die großen Güter lagen. Getúlio Vargas befahl die große Christusstatue auf dem Corcovado-Berg
zu errichten – das half ihm im Vatikan – aber der Segen sollte nicht länger auf
Rio de Janeiro liegen: als neue futuristische Hauptstadt wurde Brasília 1960
mitten in der Steppe, 1000 Kilometer weit von der Küste aus dem Boden gestampft.
Trotzdem wuchert Rio de Janeiro wie ein Krebsgeschwür weiter. Immer höher dringen die Favelas die steilen Berghänge hoch in den Dschungel hinein.
Jedes Sommer-Gewitter droht mit Schlammlawinen die Bretterbuden zu vernichten. Erst langsam begreifen die Stadtväter, wie wichtig der Regenwald am
Stadtrand für das Überleben der Metropole ist. Zur UNO-Umweltkonferenz
1992 wurde der Tijuca-Wald endlich als Nationalpark erster Ordnung unter

strengen Naturschutz gestellt. Mit einer Ausdehnung von 3.300 Hektar gilt der Wald von Tijuca als der größte tropische Stadtpark weltweit. Nur wenige Bürger wissen das so recht zu schätzen. Während Millionen „Cariocas" an den Stränden dicht gepackt wie die Ölsardinen in der Sonne schmoren, bleiben die wenigen Naturliebhaber, Bergsteiger und Spaziergänger in der „Floresta da Tijuca" unter sich. Auf bequemen Wanderwegen, an haushohen Wasserfällen und Granitklötzen vorbei führt der Rundgang durch den schweigenden Regenwald bis hoch hinauf zum „Bom Retiro"; von dort aus ist es nur noch eine zweistündige Kletterpartie bis zur „Tijuca-Spitze" (1.021m), dem höchsten Gipfel des Massivs.

Die kleine Anstrengung wird mit einem wahrhaft majestätischen Rundblick belohnt. Im Westen hebt sich die 2.000 Meter hohe Mauer des Orgelpfeifen-Gebirges mit dem „Finger Gottes" gegen die untergehende Sonne ab, gen Norden im milden Dunst die weite, von der Stadt umrahmte Guanabara-Bucht mit ihren dutzend Inselchen, im Osten der sattblaue Atlantik, davor die Silhouette der Christusfigur, die wie eine Friedenstaube über dem Blätterdach schwebt, das nach Süden hin als ein flaschengrünes Vlies mit eingewebten grellgelben Baumblüten das gesamte bucklige Vorgebirge bedeckt. Der Wind pfeift über den dunkel geaderten Granit, und von weitem grüßt ein Drachenflieger, der, die Thermik nutzend, wie ein Adler über die schweigenden Gipfel kreist.

Beim Abstieg empfängt den Wanderer wieder der weiche, warme Atem und das geheimnisvolle Dämmerlicht des Waldes. Plötzlich wippen aufgeregt die Äste in den Baumkronen – und schimpfend tobt ein Pulk von Kapuzineraffen davon. Daraufhin setzt wieder das klagende Lied der Zikaden ein, das den Regen ankündet. Bevor die ersten Tropfen fallen, liegt schon hinter der nächsten Kurve unter einem gigantischen Brettwurzelbaum das alte Gemäuer, in dem einst Major Archer mit seinen Sklaven hauste. Unter dem Schindeldach hat man einige Tische zusammengestellt.

Während der Regen trommelt und der Dampf aus den Blättern aufsteigt, wird ein Zuckerrohrschnaps mit zerstoßenen Limonen aufgetragen. Kolibris schwirren um die Hibiskusblüten, winzige Frösche piepen wie junge Vögel im Gras und im Gebälk schnalzt ein Gekko. Das schillernde Gefieder der Kolibris, die die Brasilianer „Blumenküsser" nennen, glitzert wie ein Diamant. Aus dem Trocknen heraus den triefenden Wald betrachtend, muss man die Schönheit der Natur bewundern; aber auch die Weisheit des Kaisers, der dieses tropische Paradies hat anlegen lassen.

Die Wiege auf dem Amazonas

Manaus stinkt nach Fusel und Fisch. Schwül wie Patschuli trägt die Stadt das Parfüm von Dieselabgasen und gärender Ananas. Sie kreischt aus den Megaphonen der libanesischen Händler ihren Preis in die Hitze, aufgetakelt mit dem billigen Plunder aus der Gosse, schamlos verdreckt bietet sie sich an, bläst dir den Atem der Verwesung ins Gesicht.

Lämmergeier streiten sich um eine ertrunkene Ratte. Magere Köter schleichen um den Markt. Ein Kind spielt am Rio Negro. Das Kind ist nackt und steht bis zu den Knien in der schwarzen Suppe. Es bohrt mit dem Finger in einer Melone. Schmatzend schwappt der Fluss unter den ächzenden Planken, wenn die Lastenträger keuchend die Säcke mit Maniokmehl zu den Schiffen hinüberschleppen. Knochen, Federn, Dosen, Flaschen, Korken, Schwämme, Schuppen, bleiche Fische, faule Früchte, Lumpen, Körbe, Därme dümpeln da im Wasser, quirlen kochend um den Kiel, sinken müde ab.

Amoklauf durch den Basar, die Flucht ergreifen vor den Blechmobilen, klatschnass in den Schatten taumeln, schreiend die Stille suchen. Roh und brutal schlägt Manaus zu. Ein Messer kaufen, Kekse, Wasser, Apfelsinen und Toilettenpapier. Die Hängematte eingepackt, den Rucksack geschultert, am Zollhaus vorbei zum schwimmenden Pier.

Da liegen sie angetäut, weiß wie die Schwäne, bananenkrumme Doppeldecker, Entenbug und Bürzel mit den stolzen Namen: „Barão de Monte Alegre", „Comandante Raul" und „Cidade de Terezina" oder einfach nur „Maria José". Ungelenk mit Kreide darüber gekritzelt: „Heute abend auslaufen, alle Orte oberer Solimões bis Tabatinga, nehme noch Fracht und Passagiere mit" oder „Rio Madeira bis Porto Velho Donnerstag Plätze frei, auch Borba, Manicoré, Auxiliadora."

Mein Ziel ist Santarém, mein Boot die „Comandante Paiva". Aber wo steckt sie? Auf dem stählernen Ponton geht es zu wie auf dem Boden einer Popkornpfanne. Muskulöse Träger schleppen schwitzend die Fracht heran. Bananenstauden und Bierkisten werden gebunkert, Hühner gehen gackernd auf die Reise neben Zuckersäcken, Kleiderbündeln, Lattenkisten, Pappschachteln, Körben und Fässern. Nicht weniger Zeug zerren die Passagiere mit, hilflos gestikulierend, die fliegenden Händler abzuwehren, die wie Mückenschwärme einfallen, um in letzter Minute noch ein Geschäft zu machen. Die „Comandante Paiva" hält sich hinter Bretterstapeln verborgen: „Saída hoje, 18.00hs, Parintins, Jurutí, Óbidos e Santarém". Also doch.

Die Sonne steht noch hoch über den gusseisernen Zinnen der Markthalle. Doch das lärmende Volk hat die beiden Decks der „Paiva" längst erobert. Vorsichtig über die Planke balancieren, ein Sprung hinab ins offene Unterdeck. Zwischen Kind und Kegel, Sack und Pack, durch den Wald der Hängematten fädeln, die Stiege finden, den Kopf nicht einrennen, hochklettern ins Oberdeck. 115 Passagiere und acht Mann Besatzung soll die „Paiva" tragen können. Sind wir nicht schon mehr? Das Deck gleicht einem unaufgeräumten Theater-Schnürboden. Man spielt ein Luststück, das ist klar. Knallgelb und preußischblau, kariert und quergestreift, mit Spitzen und Pleureusen schaukeln die Hängematten querschiff ihre schnatternde Menschenfracht. Backbord die Männer, Steuerbord die Frauen, säuberlich getrennt wie früher in der Kirche. Knapp hinter der Bordbar sind noch zwei Haken frei. Ohne Uniform und Hemd, doch dienstbeflissen wie ein Schlafwagenschaffner, bereitet der Schiffsjunge das Bett. Fachmännisch wird die Hängematte verknotet und einer Belastungsprobe ausgesetzt. Der Himmel hängt voller Schwimmwesten, der Boden ist mit Reisetaschen gepflastert.
Die „Comandante Paiva" ist ein stolzes Schiff mit alterskrummen Planken. Vierzig Meter mag sie in der Länge messen und fünf wohl in der Breite. Tief in ihrem Bauch rumpelt ein schwedischer Diesel, um ihn herum sind Treibstofffässer und Zuckersäcke verstaut. Im Unterdeck das Volk, das Stückgut, die Mannschaftskammer und Kombüse. Vornehmer ist das Oberdeck mit Brücke und Bar, vier winzigen Passagierkabinen, den Toiletten und einer Aussichtsterrasse am Heck. Das Schiff ist eine „Gaiola", ein schwimmender „Vogelbauer", wie die Leute die Doppeldecker mit den offenen Reelings bezeichnen. Die frische Luft findet von allen Seiten Zutritt, und ihre breiten Borde spenden Schatten wie richtige Panamahüte.
Manaus, ade! Das Boot hat die Eisverkäufer und Taschendiebe abgeschüttelt wie ein Köter seine Flöhe, die Leinen losgemacht und Fahrt aufgenommen. Rufe, Schreie, Hundebellen, dann erstirbt der Lärm von drüben aus der Stadt. Der monotone Bass der Schiffsmotoren setzt nun ein. Je tiefer die Stadt im Strom versinkt, desto ruhiger schlägt der Takt. Während sich eben noch die Bilder im Stakkato jagten, scheint der Film jetzt langsam in Zeitlupe zu wechseln. Und endlich streichelt uns die kühle Abendbrise.
Senkrecht fiel die Sonne ins Wasser. Nun glühen noch die Wolkenbäuche. Im Zwielicht zwischen Tag und Nacht durchpflügen wir die Stelle, wo sich Rio Negro und Solimões zum Amazonas vermählen. Kaffeeschwarzes Wasser trifft auf kakibraune Fluten. Die Bar hat geöffnet. Die Sterne ziehen auf. Fernen Gestirnen gleich wandern die Laternen anderer Schiffe vorüber, blitzen wie Kometen auf und versinken hinter der Erdkrümmung. Wir steuern die Milch-

straße entlang, Backbord schimmert das Kreuz des Südens. Die Gespräche verstummen. Wie schlafende Fledermäuse pendeln die Passagiere in ihren Hängematten unter Deck.

Kühl kriecht der Morgen durch das Tuch. Die fernen Ufer ziehen blasse Bleistiftlinien. Taubengrau rauscht der Strom gegen den Bug, der nach Osten weist, dorthin, wo ein tiefes Rot den Tag ankündet. Der Duft von frisch gebrühtem Kaffee steigt aus der Kombüse. In den Hängematten kündet sich eine Metamorphose an. Es ruckt und zuckt, die ersten Glieder bohren sich hervor, tasten in die Luft, greifen über den Rand, frische Menschen schlüpfen aus dem Tuch und stoßen dann den Kokon wie eine schlaffe Haut von sich oder schälen sich zur Gänze wie eine Banane aus ihrer Schlafschale. Bom dia!

Fröhliches Zähneputzen, Kindergetrappel, Kaffee und Kekse, die Stunde der Mütter. Klammer und Kamm: das Indianerhaar glänzt wie schwarze Schuhcreme. Mandelaugen schauen ernst dich an und dürre Beinchen staksen stadtfein schon in Schnallenschuhen. Angst vor dem Fotoapparat, den Kopf im Mutterschoß verstecken, scheues Lächeln, willst Du keinen Bisquit?

Mit den Gaiolas reisen die Bewohner der Städte und Dörfer am Strom wie andere Leute mit dem Überlandbus. Das Schiff ist eine Nussschale der amazonischen Gesellschaft. Vertreterbesuche und Familienumzüge, Stippvisiten und Fahrten ohne Wiederkehr, Dienstreisen und Tourneen – mit dem Boot kommen die Leute überall hin. Drüben schaukelt in seiner Matte der Viehhändler, er hat seinen Aktenkoffer aufgeklappt und rechnet immer wieder die Zahlenkolonnen nach, die auf einem Notizzettel gekritzelt sind. Die Hängematte des Predigers ist so dürr wie sein Körper. Seit Stunden schon schmökert er in einem Traktätchen und streicht darin sorgsam mit Kuli wichtige Stellen an. Man hat dem frommen Mann eine fette Matrone in Obhut gegeben, die er sicher nach Santarém begleiten soll, ein krankes Schaf seiner Kirche, das puterrot in den Seilen hängt. Breit fläzt sich der Provinzplayboy in seiner Matte und kratzt sich am Gemächte. Eingerollt wie scheue Katzen die beiden zierlichen Frauen daneben – wer mag sie erwarten? Die Kinder toben wie junge Hunde über das Deck, hüpfen über Koffer und Kisten, und stecken neugierig ihre Köpfe in die Stoffbahnen der Nachbarn. Knittrige Alte lauern wie Spinnen in ihrem Netz, ein bärtiger Einsiedlerkrebs hat sich in die Tiefe seines Kartoffelsacks zurückgezogen, die beiden Mulatas schaukeln um die Wette und lackieren lachend ihre Zehennägel.

Im Unterdeck hausen die Landarbeiter und ihr schreiendes Gewürm. Die Strohhüte scheinen auf ihren unrasierten Vogelköpfen zu wachsen. An ihren Müttern hängen Babies wie Wassermelonen. Mit langsamen, sicheren Bewegungen schälen sie die Apfelsinen, klauben die Maiskolben aus dem Zeitungspapier, spalten das Zuckerrohr, das sie den Kindern zu lutschen geben. Die Jute, die Sonne, das karge Leben hat ihre Haut wie Tabak gegerbt.

Ein pickelhäutiger Jüngling verbirgt die Augen hinter einer verspiegelten Sonnenbrille. In Manaus hat er ein Stereo-Kofferradio mit tellergroßen Lautsprechern gekauft. Bis zur Erschöpfung aller Batterien und Trommelfelle testet er seine chromblitzende Lärmmaschine. Gleichmütig nehmen es die Passagiere hin. Lärm ist der Reichtum der Armen. Je bescheidener die Hütten, desto größer die Musikboxen. Als ob sich die, deren Stimmen kein Gewicht besitzen, hartnäckig Gehör verschaffen wollen.

Kapitän Alves de Santana macht nicht viele Worte. Das Schachbrett hat er auf den Schemel gestellt, die Kronkorken auf die Felder geschoben, nun spielt er mit dem Lehrer Dame. Die „Comandante Paiva" zieht nach Osten durch die gleissende Wasserwüste. Mahlstrom der Zeit, mythisches „süßes Meer", Amazonas, Solmões, Maranhão.

Der Maschinentelegraf bimmelt. Kapitän Alves hat sich ein frisches Hemd angezogen. Da vorne liegt Parintins. Geschickt manövrieren die Jungen ihre Einbäume an die Bordwand. Es scheint die halbe Bevölkerung auf das Schiff gewartet zu haben. Sendemast, Kirche, ockerfarbige Häuschen, ein Jeep prescht heran. Neugierig lehnen sich die Passagiere über Bord, gravitätisch verneigt sich die „Paiva" zum Ufer hin. Schon werden die Taue festgemacht, die Planken hinübergeschoben, die Koffer über die Köpfe gereicht und im Gegenzug Bananenstauden hereingeholt. Kapitän Alves begrüßt einen Mann, der mit sparsamen Handbwegungen den Packern Anweisungen erteilt und die Kinder küsst, die mehrere Frauen zu ihm hochheben. Dabei scheucht er halbwüchsige Kerle mit Botengängen, plaudert ruhig mit den alten Männern und dreht sich eine Zigarette. Das ist der Herr Doktor, der „Oberst", der Bürgermeister, flüstern ehrerbietig die Leute. Zehn Minuten später tutet die „Comandante Paiva" dreimal und zieht brummend zur Strommitte zurück.

Vorne auf der Brücke kühlt der Wind besonders angenehm. Über die Reeling gelehnt, im Schatten der Sonne und des Radiolärms, eine Zigarette rauchen. Ein Gefühl wie „Fitzcarraldo" , stolz, frei und losgelöst vom Weltengetriebe.

Ein Jahrhundert ist es her, dass die Kautschukbarone in Manaus und Iquitos gestärkte Hemden aus London und hübsche Kokotten aus Paris mit ähnlichen Schiffen bezogen. Nichts ist mehr vom sagenhaften Reichtum der Gründerjahre geblieben. Die Regierung von Amazonas hat nicht einmal genügend Geld, das Opernhaus, in dem Caruso einst sang, vor dem Mäusefraß zu retten. Der große Amazonas sucht sich seinen eigenen Weg.

Der Essensgong wummert. Die Liegematten werden hochgebunden und Tische aufgestellt. Der Schiffsjunge serviert als erstes eine große Schüssel Maniokmehl. Dann kommen der Reis, die Bohnen und die Spagetti, schließlich liegen knusprige Hühnerkeulen auf dem Teller. Keiner drängt und schubst, die Männer halten sich höflich zurück und lassen Frauen und Kinder als erste speisen. Jeder darf sich so viel nehmen, wie er möchte. Im hohen Bogen fliegen die abgenagten Geflügelknochen über Bord. Zum Schluss wird nachgespült mit heißem Cafezinho.

Siesta – das Schunkellied der Hängematte. Leise fächelt der Wind in die schwebende Lagerstatt. Sanftes Schaukeln im Rhythmus der Wellen. Reisen wie in Abrahams Schoß. Was sind schon die Sprungfederrahmen und Schaumstoffmatratzen, die Futons und Federbetten gegen eine schlichte Hängematte? Die Prinzessin auf der Erbse litt überflüssiges Ungemach, die Bettgeschichten aus Tausendundeinernacht wären anders verlaufen, vielleicht auch das Drama mit Siegfried und Brunhilde – wenn sie nur die Hängematte gekannt hätten! Den Indianern sei Dank, sie haben der Menschheit eine der großartigsten Erfindungen geschenkt: Ein Nest, ein Bett, eine Wiege, ein Zelt, ein Haus, das man so klein wie eine Windel zusammenfalten und überallhin mitnehmen kann. Was ist schon ein fliegender Teppich gegen eine wiegende Hängematte?

Delphine schwimmen mit dem Schiff um die Wette. Ihre Rückenflossen stoßen wie Buttermesser durch den flüssigen Kakao. Die „Comandante Paiva" pflügt in ihrem eigenen Schatten. Reiher streichen dicht über die Wellen. Wasserhyazinthen treiben vorüber. Der Duft von frischem Gras weht vom Land. Mangobäume und Bananenstauden, Palmhütten, ein Kind läuft mittschiffs auf dem Ufersaum, ein Kanu liegt dort festgemacht. Schon vorbei, das Ufer versinkt, andere Inseln tauchen auf und unter, weiße Strände säumen den Weg, dann wieder nur Wasser, Wasser.

Die Nacht zieht herauf. Im Süden haben sich Quellwolken zu gewaltigen Himmelsburgen aufgetürmt. Blitze fackeln darin und erleuchten sie wie mächtige Lampions. Irgendwann hält die „Comandante Paiva" an einem Steilufer, und zwei Frauen klettern über eine Leiter in die Dunkelheit hinüber. Um Mitternacht beginnt das Boot heftig zu schaukeln, und die Passagiere purzeln wie Weberschiffchen in den Hängematten hin und her. Dann trommelt der Regen auf das Dach. Sein monotones Lied singt uns in den Schlaf.